형법의 눈

형법의 눈

ⓒ 박준형, 2019

개정판 1쇄 발행 2019년 1월 21일
　　　3쇄 발행 2021년 11월 14일

지은이　　박준형
펴낸이　　이기봉
편집　　　좋은땅 편집팀
펴낸곳　　도서출판 좋은땅
주소　　　서울특별시 마포구 양화로12길 26 지월드빌딩 (서교동 395-7)
전화　　　02)374-8616~7
팩스　　　02)374-8614
이메일　　gworldbook@naver.com
홈페이지　www.g-world.co.kr

ISBN　979-11-6222-941-5 (03360)

이 도서의 국립중앙도서관 출판예정도서목록(CIP)은 서지정보유통지원시스템 홈페이지(http://seoji.nl.go.kr)와 국가자료공동목록시스템(http://www.nl.go.kr/kolisnet)에서 이용하실 수 있습니다. (CIP제어번호 : CIP2018042522)

형법의 눈

박준형 지음

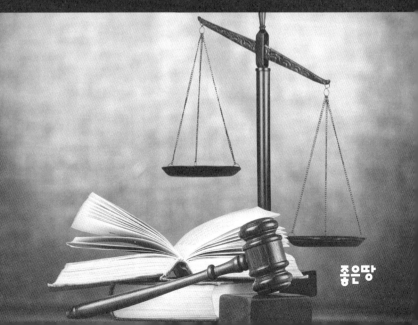

좋은땅

우리는 우리의 이성을 좋게 만들어 가는 것이 아니라

우리가 가진 이성으로 좋은 세상을 만들어 가는 것이다.

목차

이 책에서는 신의 법을 생각하지 않는다.

신의 형법이라는 표현은 신법을 말하는 것이 아니다.

1
형법의 눈

근대사람들이 추구했던 극대화된 인간의 이성은 결국에는
신과 동격에 놓이게 된다. 형법의 눈은 신의 눈이 되어 버렸다.

형법이란 죄를 묻는 법이다.
죄를 묻는다 함은 죄를 밝히고 벌을 주는 것을 말한다.

형법을 만들어낸 존재는 사람이고 형법에 따른 판단을 내리는 존재도 사람이다. 따라서 죄를 바라보는 형법의 눈은 결국 사람의 눈인 것이다. 누가 되었든지 한 명이든 여러 명이든 간에 형법의 눈은 항상 사람인 것이다.

형법의 눈의 주체가 누구인지는 매우 중요하다. 그것이 형법이 어떠해야 하는지를 결정하기 때문이다.

형법의 눈이 사람의 눈이라는 사실은 형법을 말하기에 앞서 사람이라는 존재에 대한 진지한 고민이 필요하다는 것을 의미한다.

우리는 누구인가? 어떤 존재인가? 어떻게 살아가야 하는가? 라는 문제제기는 다름 아닌 형법의 시작이기도 하다. 형법은 우리들의 철학이요 삶이다.

형법의 눈은 사람의 눈이므로 형법은 사람이 바라보는 시각에서 써야 한다는 것은 당연한 원칙이 된다.

형법은 쓰여진 문장에 따라 사람의 판단이 필요한데 그 형법이 사람의 눈을 가지고 있지 않다면, 그것은 우리에게 맞지 않는 불편하고 어색한 정도에서 그치지 않는다. 과연 올바른 형법인지 의심을 품게 하며 설득력이 떨어지게 되어 많은 문제점을 야기하게 된다. 하지만 안타깝게도 현재 존재하는 대부분의 형법은 사람의 눈을 가지고 있지 않다.

형법의 눈이 어떤 존재의 눈인지를 알아보기 위해서는 형법에서 말하는 고의를 살펴보아야 한다. 우리가 쓰고 있는 대부분의 형법에서는 죄가 되기 위해서는 고의가 있어야 된다고 한다.

고의라고 하는 것은 알면서 일부러 하는 것을 말한다. 범의라고 하는 것도 형법에 있어서는 고의와 같은 말이다. 고의를 형법상의 의미로 한정하여 생각해보면 범의, 즉 범죄의사라고 할 수 있다.

고의를 두고 형법에서만 통하는 특별한 의미를 줄 필요는 없다. 법에서 쓰는 말과 일상에서 쓰는 말은 차이가 없을수록 좋다. 특히나 간결하고 명료하며 이해하기 쉬워야 하는 형법에서는 더욱 그러하다. 형법에서 쓰는 고의는 우리가 일상생활에서 사용하는 언어와 다를 바가 없는 개념이고 또한 당연히 그래야 한다.

고의라는 것은 사람의 속마음이고 그것을 다른 사람이 확정한다는 것은 사실상 불가능한 일이다.

예를 들자면 내가 뜻하지 않게 상대방을 난처한 상황에 놓이게 만들었을 때 나는 상대방에게 고의가 아니었다고 말할 것이다. 그럴 때 상대방은 나를 두고 고의였다거나 아니면 고의가 아니었다고 말하거나 생각할 수 있다. 그렇지만 상대방이 나에게 고의가 있다거나 아니면 없다고 확정할 수는 없다. 상대방이 그렇게 믿을 수는 있겠지만 말이다. 심지어 가끔은 내 자신도 나의 생각이나 행동을 알 수 없는, 정신이 또렷하지 않고 혼란스러운 상황도 더러 있을 수 있다. 그것이 바로 사람의 마음속인 것이다.

어떤 사회에서든지 형법은 막중한 역할이 있다. 그것은 죄를 묻는 것으로써 단순히 죄를 밝히고 벌한다는 의미에서 그치는 것이 아니라 그 사회를 규율하고 안정적으로 유지해야 한다는 것이다. 죄인에 대한 보호나 교화도 결국은 그가 속한 사회를 위한 것이기도 하다. 따라서 사회적으로 필요하다면 다소 버겁고 애매한 부분이 있더라도 결론을 내도록 만들어야 한다.

사람의 마음속을 알 수가 없다고 하더라도 현실적인 필요성에 의해 죄가 되는데 있어서 고의가 필요하다면 그것이 우리가 갈 수 있는 유일한 길이 될 것이다.

  절대적인 진실을 밝힌다는 것은 사람의 능력을 넘어서는 일이지만 절대적인 진실을 밝혔다는 것에 대해 사회구성원들의 동의를 구해야만 한다면 그것을 우리의 최선이라고 인정하고 받아들여야 한다는 것이다.

  그렇다면 이제 고의가 형법에서 필요한 것인지 따져볼 일이 남았다. 대부분의 형법에서 죄가 되기 위해서는 고의를 필요로 한다. 알면서 일부러 저질러야 죄가 되는 것이 기본적인 형태이고, 모르고 저지른 경우에는 특별히 죄가 된다고 정해 놓은 경우에만 과실범으로서 죄가 된다는 것이다. 그렇다면 고의가 없으면 죄가 되지 않는 것이다. 그런데 고의가 없으면 벌하지 않는다는 형법도 있다.

  어떤 형법이 분명히 죄가 되는데 고의를 필요로 하고 있다. 그런데 고의가 없으면 벌하지 않는다고 쓰여 있을 때를 생각해 보자. 먼저 죄가 되지 않고 당연히 벌을 줄 수 없다고 해석할 수 있다. 그리고 죄가 되지만 벌하지 아니하는 경우도 생각해 볼 수 있다.

  여기서 분명히 해둘 것은 형법이란 죄를 묻는 법이고 이는 죄를 밝히고 벌을 주는 것을 의미하므로 형법에 쓴 단어와 문장은 누구나 알아볼 수 있도록 가능한 한 최대한 간결하고 명확하며 알기 쉽게 써야 한다는 점이다. 형법은 불필요한 수식어를 쓰지 않아야 하고 될 수 있으면 단일한 해석만이 가능하도록 설계되어야 한다.

죄가 되는데 있어서 고의가 필요하도록 정한 형법이라면 고의가 없을 경우에 당연히 죄가 되지 않는 것이고 그렇다면 다른 불필요한 해석의 여지가 생기지 않도록 고의가 없다면 벌하지 않는다가 아니라 죄가 되지 않는다고 써야 한다.

형법에서 말하는 고의는 범죄의사이고 우리가 쓰고 있는 형법은 죄가 되는데 고의가 필요하다고 한다. 이것은 우리를 납득시킬 수 없다. 애초에 설계가 잘못되었다. 사람은 사람의 마음속을 알 수 없기 때문이다.

사람이 사람의 죄를 밝힌다는 것은 범죄의사를 밝혀내는 것이 아니라 범죄행위나 범죄상황을 밝혀내는 것이다. 이로써 죄는 밝혀지는 것이다.

고의라는 개념은 형법에서 필요한 것이지만 지금의 형법처럼 죄가 되는데 필요한 것이 아니다. 형법에서 말하는 고의는 사람들이 생각하는 고의와 같은 개념이 되어야 한다. 이는 고의라는 것이 죄가 되는데 필요한 것이 아니라 벌을 주는 정도에 관한 것임을 의미한다.

우리가 쓰고 있는 형법은 근대의 사상에 기초하여 만들어졌다. 근대사람들은 중세의 신학을 극복하기 위해서 인간의 이성을 내세웠다. 하지만 그들은 여전히 신학적인 사고방식에 젖어 있었고 신학을 극복하기 위해서 이성에 더욱더 지나치게 집착하였다. 사람의 이성을 살아서 숨 쉬는 사람 그들이 가진 이성 그것 자체로 보지 못하고 사람에서 이성을 분리시키고 이성만으로써 또 다른 의미를 부여하고 싶어 했다. 근대사람들이 추구했던 극대화된 인간의 이성은 결국에는 신과 동격에 놓이게 된다. 형법의 눈은 신의 눈이 되어 버렸다.

근대 사람들은 사람의 이성을 그것 자체로 인정하지 않고 어떠한 이상적인 상태를 추구하였다. 우리는 누구나 이상적인 세상을 꿈꾼다. 그렇다고 해서 우리의 이성과 능력이 누군가가 추구하는 이상적인 상태가 되어야 한다고 할 수는 없다. 우리는 우리의 이성을 좋게 만들어 가는 것이 아니라 우리가 가진 이성으로 좋은 세상을 만들어 가는 것이다.

그렇다고 해서 근대사람들을 비판하고자 함은 아니다. 그들의 업적은 굳이 말할 필요가 없을 정도이며 그들이 있었기에 지금의 우리가 있음을 항상 잊지 않고 있다. 신의 눈을 가진 형법은 근대 사람들의 한계가 아니라 최선이었다고 생각한다.

극대화된 이성 즉 신의 눈으로 쓰여진 형법이 신의 시각을 가지고 있음은 당연하다. 형법은 사람들이 만들었고 사람들을 위한 것이지만 사람의 시각을 가지고 있지 않게 되었다. 이로써 형법의 설계가 처음부터 잘못되었다는 것을 알 수 있다.

신의 눈을 가진 형법은 많은 문제를 일으킨다. 특히 형법에 따른 판단을 하는 자는 마치 자신이 신이 된 것처럼 느껴질 수 있다. 아니 그렇게 느끼는 것이 당연하다. 또한 법과 현실의 괴리에 괴로울 것이다.

사람이 신의 눈으로 형법에 따른 판단을 한다면 그것은 올바른 시각이 아니며 설득력이 떨어진다. 한 마디로 말하자면 신의 형법은 이해가 되지 않는다.

앞서 형법에게 신의 눈이 필요한지에 대한 문제를 제기하였다. 이제 답을 해야 할 때가 되었다. 형법에 따라 죄를 물을 때 이를 판단하는 사람이 죄를 저지른 자의 고의를 가지고 판단하는 것이 아니다. 객관적인 상황과 증거 그리고 논리로써 판단하는 것이다. 그러한 판단에 굳이 사람의 속마음을 함께 묶어 법적으로 재단해야 할 필요가 없다. 고의는 죄인을 벌함에 있어서 그 정도를 참작하여 벌의 수위를 조절하는데 그 역할이 있다.

죄를 정확히 밝히는 것만큼이나 벌을 적절하게 주는 것은 중요하다. 신의 형법은 죄를 명백하게 밝혀 낼 수 있다는 전제를 가지고 있으므로 상대적으로 얼마만큼의 벌을 주어야 하는지에 대한 고민이 부족하다.

신의 형법은 벌을 주는데 있어서 법에 쓰여진 문장에 의지하려고 한다. 벌을 얼마나 줄 것인지는 죄를 판단하는 것과 비교해 볼 때 법에 써진 문장보다 사람의 판단이 차지하는 비중이 커야 한다.

고의는 형법에 따라 죄를 판단하는데 있어서 필요한 것이 아니라 벌을 줄때에 그 정도에 영향을 주어야 한다. 형법에 있어서 고의는 있느냐 없느냐의 문제가 아니라 어떠하냐의 문제가 되어야 한다.

고의가 죄가 되는데 필요하다고 하는 형법은 신의 눈을 가진 형법으로써 많은 문제를 가지고 있다. 이 시대에 우리가 어떠한 형법을 해야 하는지 진지한 자세로 말하고 싶다. 형법에 사람의 눈을 달아 주자. 이제 우리의 차례이다.

2
강도강간죄

사람이 사람의 마음속을 알 수는 없다.
그래서 형법에서 고의라는 것은 죄가 되기 위해 필요한 것이
아니라 벌을 주는데 있어서 관여해야 한다.

강도강간죄는 강도가 강간을 저지르는 것을 말한다.
이는 강도가 강간을 저지르면 더욱 엄하게 벌한다는 취지이다.

강도강간죄에서 강도와 강간은 죄를 저지르는 자의 강도행위에 압도된 피해자의 상태를 이용하여 강간을 한다는 등의 밀접한 연관이 있어야 한다. 그렇지 않으면 강도와 강간은 별개의 죄가 된다.

먼저 살펴보아야 할 것은 강도강간죄를 강도죄에서 다루어야 하는가 아니면 강간죄에서 다루어야 하는지이다.

형법에서 강도강간죄는 강도죄에서 정하고 있는 경우도 있고 강간죄에서 정하고 있는 경우도 있다. 강도죄에서 정하는 것이 강도강간죄의 취지와 어울린다.

강도죄를 기본이 되는 죄로 하면서 이와 함께 강간을 저지르면 더욱 무겁게 벌하는 것이다. 강도죄와 강간죄를 따로 저질렀을 때보다 강도죄와 강간죄를 함께 저질렀을 때 더욱 무거운 벌을 준다는 의미이다. 강도살인의 경우도 이와 같은 구조이다. 강도살인죄도 살인죄가 아니라 강도죄에서 정하는 것이 타당하다.

강도강간이나 강도살인의 죄를 강간이나 살인의 죄가 아닌 강도의 죄에서 다루어야 하는 이유는 강도죄를 저지를 때 다른 죄를 같이 저지르는 경우가 많기 때문이다. 그리고 강도보다는 강간이나 살인이 더욱 나쁜 죄이기 때문이다.

그렇다고 해서 강간이나 살인의 죄를 벌함에 있어서 강도보다 항상 무거워야 한다는 의미는 아니다. 이것은 우리사회가 가진 정서상의 문제이다. 우리는 강도보다는 강간이 그리고 그것보다는 살인이 나쁜 범죄라고 생각한다.

형법을 만들 때 살인, 강간, 강도 등 여러 가지 죄를 정하여 놓고 보니 특히 사람의 목숨이나 성(性)은 중요한 것이므로 이를 침해한 죄인 살인이나 강간은 더욱 엄하게 처벌할 필요성을 느낀 것이다. 그리하여 강도가 강간이나 살인을 함께 저지르면 각각의 죄를 따로 저질렀을 때보다 더욱 엄격하게 처벌하게 된 것이다.

이쯤에서 강도강간과 강간강도의 죄가 어떠한 차이가 있는지 의문이 생기게 된다. 먼저 형법의 기본원칙으로 돌아가자.

대부분의 형법은 고의가 있어야 죄가 될 수 있다고 한다. 고의를 정확하게 정의 내릴 수는 없다. 각각의 형법이 조금씩 다르게 표현하기도 한다. 그렇지만 어떠한 형법에 있어서든지 죄가 되는데 고의가 필요하다고 할 때 그것을 가리켜 범의로써 범죄의사나 범죄상황에 대한 인식이라고 한다면 그 형법이 속한 사회가 가진 개념과 크게 다르지 않을 것이다.

그렇다면 강도강간죄란 강도와 강간이 밀접한 상태에서 저질러진 범죄이고 당연히 강도와 강간에 대한 고의가 있어야 한다는 것을 의미한다. 고의가 필요하다는 형법의 기본원칙상 강도강간죄에 있어서 강도와 강간에 대한 고의가 있으면 족한 것이고 강도와 강간의 죄를 저지르는 순서는 의미가 없다. 또한 강도의 죄를 저지를 때 강간의 죄까지 생각하고 있어야 할 필요도 없다. 강간에 대한 범죄의사 내지는 강간의 상황에 대한 인식이 있다면 충분하다.

그런데 어떤 형법에서 강도강간죄라는 것은 먼저 강도의 죄를 저지른 후에 강간에 대한 고의가 생겨 강간의 죄를 저지른 경우를 말하는 것이지, 강간의 죄를 저지른 후 강도에 대한 고의가 생겨 강도의 죄를 저지르는 것을 의미하는 것은 아니라고 하는 경우를 생각해 보자.

물론 처음부터 강도와 강간의 죄를 모두 저지르려고 생각한 경우에는 범죄를 저지른 순서와 상관없이 강도강간죄가 됨은 당연하다. 그렇지 않고 이러한 경우까지도 강도와 강간의 죄를 저지른 선후관계에 의해 죄와 그에 따른 벌을 다르게 평가하려고 한다면 이는 형법의 큰 원칙을 파괴하는 것이고 처벌의 형평성을 훼손하는 것이 된다.

강도강간죄에 있어서 강도와 강간의 죄를 저지른 순서에 의해 다르게 대하려는 이유가 무엇인지 알아보자. 그것은 강간의 죄를 저지르려는 강도범에 대한 강력한 경고이다. 강도의 죄에 이어서 강간의 죄까지 저지른다면 더욱 무거운 벌을 주겠다는 의미인 것이다. 또한 강도보다 강간의 죄가 더 나쁜 죄라는 평가이기도 하다.

언뜻 보기에는 맞는 말인 것 같지만 이렇게 넘어갈 일이 아니다. 강도강간죄가 강도의 죄를 저지르고 나서 강간의 죄를 저지르려는 자에 대하여 억지력을 가지고 있는지 의문이다.

강도죄와 강간죄를 같이 저질렀다면 형법에 따로 강도강간죄가 없다고 하더라도 강도죄만을 저질렀을 때보다는 무거운 벌을 받을 것은 당연한 것이므로 처벌의 공백이 생기는 것은 아니다.

그렇다면 처벌의 정도 즉 두 가지 죄를 따로 적용하는 것보다 함께 묶었을 때 더욱 무겁게 벌한다는 것에 초점을 맞추어 여기에서는 특별히 강도강간의 죄에 의한 억지력을 따져보아야 한다는 점이 중요하다. 그래야만 강도강간죄를 더욱 무겁게 벌하고자 하는 형법의 목적을 달성할 수 있기 때문이다.

먼저 강도의 죄를 저지른 자가 강간의 죄를 저지르기 전에 강도강간죄의 무거운 처벌이 두려워 그만 두는 것을 생각해 보자. 그런 경우라면 입법목적이 잘 들어맞은 것이라고 할 수 있겠다.

그러나 또 다른 경우도 생각해 볼 수 있다. 강도강간죄를 저지르려는 자가 의도적으로 먼저 강간의 죄를 저지른 후에 강도의 죄를 저지르고 나서 죄가 발각된다고 해보자. 이때 자신은 강도강간죄가 아니라 강간죄와 강도죄를 저질렀다면서 거짓주장을 하려고 계획한 경우라면 어떠한가. 이러한 거짓주장이 받아들여진다면 교활한 범죄자는 원래 받아야 할 벌보다 가벼운 벌을 받게 될 것이다.

이것은 현실의 문제이다. 형법에 따라 죄를 판단하는 사람이 범죄의 정황을 따져 보았을 때 처음부터 강도강간의 죄를 저지르려고 한 경우이거나 강도의 죄를 저지른 후 강간의 죄를 저질렀다고 판단한다면 강도강간죄가 된다. 그러나 강간의 죄를 저지르고 나서 강도의 죄를 저질렀다고 판단한다면 강도강간죄가 아니라는 것이다. 그렇다면 이것은 어떤 죄가 되느냐의 문제보다는 어떤 벌을 받아야 하는가의 문제이다.

벌을 주는 것은 죄를 밝히는 것만큼이나 중요하다. 강도나 강간의 죄를 저질렀는지를 밝히는 것은 당연히 해야 할 일이다. 그러나 강도강간의 죄인지 강간강도의 죄인지 따진다는 것은 또 다른 것이다.

강도강간과 강간강도를 구분하는 기준은 강도와 강간을 저지른 순서가 아니라 고의에 의하여야 할 것이지만 우리는 범죄자의 마음속을 알 수 없다. 사람이 사람의 마음속을 알 수는 없다. 그래서 형법에서 고의라는 것은 죄가 되기 위해 필요한 것이 아니라 벌을 주는데 있어서 관여해야 한다.

　강도강간죄가 강도범이 강간의 죄를 저지르는 경우와 강간범이 강도의 죄를 저지르는 경우를 구별하지 않는다면 문제가 생기지 않는다. 그러나 구별을 한다면 처벌의 형평성과 그리고 교활한 범죄자의 처벌이 가벼워질 수 있다는 문제가 생긴다.

　신의 눈을 가진 형법이라면 처음부터 강도와 강간을 모두 저지르려고 했던 자의 죄가 강도죄와 강간죄를 저지르는 순서에 상관없이 강도강간죄가 되는 것이 당연하다. 또한 강도죄를 저지른 후에 강간의 고의가 생겨서 강간죄를 저지른 경우에도 강도강간죄가 된다.

　물론 강도강간의 죄가 되기 위해서는 강도죄와 강간죄가 밀접한 연관이 있어야 한다. 그렇지 않으면 강도죄와 강간죄가 따로 성립하고 그 처벌은 강도강간죄보다는 무겁지 않을 것이다.

　그러나 강간죄를 저지른 후에 강도의 고의가 생겨서 강도죄를 저지른 경우에는 강도강간죄가 되지 않는다.

사람의 눈을 가진 형법에서는 강도강간죄에 있어서 알 수 없는 범죄자의 고의를 가지고 굳이 강도강간과 강간강도의 죄를 차별할 이유가 없다. 물론 강도죄와 강간죄는 밀접한 연관이 있어야 하겠지만 그 순서는 무관하다.

강도죄와 강간죄의 고의는 죄인을 벌함에 있어서 그 정도에 관한 것이 된다.

사람의 형법에서 강도강간죄는 어떠한 죄가 되느냐가 아니라 어떠한 벌을 받아야 하는가의 측면에서 다루어야 한다는 것을 강조하고 싶다.

3
위법

법은 우리의 실생활을 규율하는 것이기 때문에 사회구성원
모두에게 충분히 접근할 수 있도록 최선의 노력을 다해야 한다.
특히 형법은 죄를 묻는 법이므로 더욱 그러하다.

형법에서 쓰는 용어에 익숙하지 않은 사람에게 형법에서 말하는 위법과 불법의 차이를 물었을 때 어떤 대답이 돌아올까 생각해보자. 아마도 비슷하거나 같은 말이라고 할 것이다. 그것이 올바른 답이다. 위법과 불법은 비슷한 말이다.

형법은 누구나 알 수 있도록 써야 하므로, 위법이라는 말에 우리가 일반적으로 쓰는 의미를 넘어서 형법에서 특별한 의미를 갖게 하여 쓴다면 바람직하지 않다.

물론 꼭 필요한 경우라면 널리 쓰이는 말이라도 새로운 의미가 주어질 수 있다. 하지만 그것이 진정 필요한 것인지 충분히 따져 보아야 할 것이다.

많은 형법에서 위법과 불법은 다른 의미로 사용되고 있다. 나는 그 차이점을 이해하지 못하겠다. 아마도 불법은 사람들이 쉽게 떠올릴 수 있는, 법에 어긋난다는 의미인 것 같고 위법은 불법의 전단계인 것 같다. 그래서 먼저 위법한 다음에 불법이 된다고 한다.

예를 들어보자. 누군가 사람을 죽였다고 하자. 그는 위법하다. 그런데 그가 정당방위로 사람을 죽였다면 위법이 조각되어 죄가 되지 않는다. 따라서 그가 사람을 죽인 것은 위법하지만 정당방위라면 위법이 조각되어 불법이 아니라는 것이다. 그럴듯하게 들리기도 한다. 하지만 뭔가 어색하고 복잡하게 느껴진다. 실제로 위법이라는 개념과 관련하여 다양하고 복잡한 주장들이 존재한다.

위법의 개념을 가진 형법은 부당한 침해에 대한 정당한 방위는 위법이 조각되어 벌하지 않는다거나 죄가 되지 않는다고 하는 것이 보통이다.

이런 경우에는 당연히 죄가 되지 않는다고 하는 것이 옳다. 왜냐하면 정당한 방위행위는 말 그대로 정당한 것이므로 죄가 될 수 없고 그렇다면 당연히 벌할 수 없다. 따라서 형법에서 정당방위는 죄가 되지 않는다고 해야 한다.

형법에는 사람을 죽이면 죄가 된다는 살인죄가 있다. 한편, 정당한 방위는 죄가 되지 않는다는 정당방위가 있다. 그렇기 때문에 정당방위로 사람을 죽였을 때는 당연히 형법에 쓰여진 정당방위가 바로 적용되어 죄가 되지 않는다.

사람들이 오해하지 않도록 살인죄에다 정당방위를 제외한다는 말을 덧붙여 써놓을 수도 있다. 그런 식이라면 모든 죄에 그러한 예외 사항을 반복적으로 똑같이 적어 넣어야 하기 때문에 번거롭고 읽기에도 불편하다. 따라서 정당방위는 죄가 되지 않는다고 따로 적어놓고 일반적으로 적용하는 것이다.

지금 예로 들고 있는 정당방위는 특별하다. 사람들이 정당한 방위를 하는 것은 우리의 생존을 위해 꼭 필요한 것이다. 형법에 정당방위를 써놓지 않았다고 하더라도 정당한 방위는 죄가 되지 않는다.

정당방위는 형법에 관한 문제이기 이전에 우리의 생존의 문제이고 본능에 관한 이야기이다. 우리는 스스로를 지키고 살아남기 위해서라면 무슨 일이든지 한다. 그것이 우리가 속한 사회의 정서에 어긋나지 않는다면 당연히 아무런 죄도 되지 않는다.

위법을 조각한다고 하는 다른 것들도 마찬가지이다. 정당행위를 살펴보자. 정당한 행위는 죄가 되지 않는다. 많은 형법이 정당한 행위도 형법에 적어놓은 죄에 해당하면 일단은 위법하다고 한다. 그런 후에 정당한 행위라면 위법이 조각되어 죄가 되지 않거나 벌하지 않는다고 한다.

일단은 위법하게 된다는 것은 잘못된 것이다. 앞서 설명하였듯이 일단 위법하게 된 후에 위법을 조각하여 죄가 되지 않는 것이 아니라 정당행위이므로 죄가 되지 않는 것이다.

애초에 죄가 되지 않는 것을 위법하다고 해놓고 다시 위법을 조각하는 이유는 무엇일까? 그것은 학문적인 유희 때문이다. 간단하게 죄가 되지 않는다고 하는 것보다 위법하지만 위법이 조각되는 사유가 있으므로 죄가 되지 않는다고 하는 것이 더 재미있기 때문이다. 또한 근대 사람들의 사고방식을 보여준다고 할 수 있겠다.

학문에서 유희를 즐기는 것이 잘못된 것은 아니다. 오히려 그로 인하여 학문에 흥미를 더하고 풍요로워질 수도 있다. 그러나 법학에서는 학문적 유희를 자제해야 한다.

법은 우리의 실생활을 규율하는 것이기 때문에 사회구성원 모두에게 충분히 접근할 수 있도록 최선의 노력을 다해야 한다. 특히 형법은 죄를 묻는 법이므로 더욱 그러하다.

형법에 위법의 개념을 도입하고 죄가 되어가는 과정의 단계를 늘림으로써 그에 파생되는 수많은 주장이 쏟아져 나왔다. 이러한 주장들은 형법을 대하는 사람들에게 형법은 어렵고 복잡하며 깊이 있는 이론에 기초하여 이해하기 힘들다는 부정적인 인상을 심어주게 된다.

위법은 불법과 구별되어야 할 이유가 없다. 그렇다면 형법에서 위법에 특별한 의미를 주어야 할 필요가 없는 것이다. 형법은 될 수 있으면 간결하고 단순하며 명료해야 한다.

형법이 특별히 가지고 있는 위법이라는 개념을 버리자.

4
착오

신의 형법은 현실적으로 불가능한 전제를 당연한 듯 세워가면서
형법의 대상을 그것 자체로써 보지 못하고, 각각의 단계를 거쳐
갈수록 오차의 범위를 넓혀가면서 진실에서 멀어지고 있다.

착오는 항상 우리들의 주요한 관심사였다. 많은 학자들의 연구 대상이었으며 특히 심리학에서 흥미롭게 다룬다.

기존의 법학에 있어서 착오는 대부분 착오의 유형과 그에 따른 해결에 관한 것이다. 반면에 심리학에서는 사람이 왜 착각을 하는지 어떠한 심리상태에서 그런 것인지 그 원인에 집중한다는 점을 눈여겨보아야 한다.

형법이 착오를 어떻게 대해야 하는지 생각해 보자. 신의 형법은 오로지 착오의 경우의 수에만 관심을 갖는다. 사람이 왜 착각을 하는지 그것이 어떤 의미를 갖는 것인지에는 관심이 없다. 마치 사람이 아닌 존재가 사람의 착오에 대해서 이해하지 못한 채 외형상 그저 이렇게 저렇게 분류해 놓은 것 같다.

형법에서 착오를 바라보는 눈은 전지전능한 신의 눈이 아니라 사람의 눈이 되어야 한다. 형법에 따라 판단을 하는 자는 사람이기 때문이다.

또한 스스로 자신을 바라보는 눈도 형법의 눈으로써 적합하지 않다. 스스로 사유하며 자신에 기초하여 사람이라는 존재를 탐구하는 것은 철학을 하는 좋은 방법이지만, 그렇다고 하여 그것을 있는 그대로 형법을 하는 방법에 적용된다고 할 수는 없다. 형법의 눈은 어떤 사람을 바라보는 다른 사람의 눈이기 때문이다.

철학적 성과물이 있다면 그것이 형법에 적용될 수 있는 재료가 될 수 있다는 것이지 그 자체가 항상 형법에 적용된다고 할 수는 없다. 특히 명성 있는 학자나 유명한 이론에 압도되어 제대로 된 판단을 내리지 못한다면 그 사람은 학문을 하는데 올바른 자세를 갖추었다고 할 수 없다.

심리학에서는 사람이 착각을 하는 이유에 대해서 관심을 갖는다고 하였다. 그것은 착각의 종류가 아니라 착각의 이유가 중요한 것이기 때문이다. 이는 형법에 있어서도 마찬가지일 것이다.

우리는 죄를 저지른 사람이 착오를 주장하거나 그렇게 볼만한 여지가 있다면 그 착오의 이유를 탁자 위에 올려놓고 그것이 얼마나 타당한지 고민해 보아야 할 것이다. 그리고 그러한 고민의 끝은 죄를 저지른 자에게 어떤 벌을 줄 것인지의 결론에 도달해 있어야 할 것이다.

하지만 지금 우리의 형법은 그렇지 못하다. 죄를 저지른 자의 착오에 대한 고민의 끝에는 그자에게 죄가 있는지 없는지를 판단하고 있는 것이다.

예를 들어보자. 사람을 죽인 자가 있다고 하자. 그는 어두운 밤에 친구와 함께 사냥을 하다가 친구를 사슴으로 착각하여 총으로 쏘았다고 주장하고 있다.

이런 경우 신의 형법이든 사람의 형법이든 착오를 주장하는 것에 대해 그 정황을 살펴서 진실을 밝히기 위해 고민하는 것은 동일하다. 그러나 그러한 고민의 결론은 다르다.

사람을 죽인 것은 확실하다고 판단하고 다만 착오의 문제가 남았다고 할 때, 신의 형법은 착오에 대한 고민 끝에 죄가 되는지 안 되는지 판단을 한다. 하지만 사람의 형법에서는 일단 당연히 죄가 되는 것이고, 착오에 대한 고민 끝에 벌을 줄 것인지 말 것인지, 준다면 얼마나 줄 것인지 결정한다.

신의 형법에 따른다면 친구를 죽인 것이 친구를 사슴으로 오인한 착오에 의한 것이라고 했을 때 그것은 고의가 없는 것이므로 죄가 되지 않는 것이고 과실에 따른 죄를 물을 수는 있을 것이다.

친구를 죽인 자는 착오로 인해 사슴인줄 알고 총을 쏜 것일 수도 있다. 하지만 거짓으로 착오를 주장할 수도 있는 것이다.

진실을 밝히기 위한 사람들의 노력을 의심하는 것은 아니다. 친구를 총으로 쏴 죽인 자가 친구를 사슴인줄로만 알았다면 그 사람이 인식(사슴을 쏘다)한 것을 넘는 부분(사람을 쏘다)은 죄가 되지 않는다고 하는 주장도 일리는 있다.

하지만 생각해보라. 사람은 사람일뿐이며 누군가가 어떤 사람을 사슴이라고 인식했다고 하더라도 그 사람이 사슴이 되는 것은 아니다.

죽인 사람도 있고 죽은 사람도 있다. 죽은 자는 말이 없고 죽인 자는 착오였다고 주장할 때 형법이 꼭 죄가 되는지를 판단해야만 하는 것은 아니다. 반드시 그럴 필요가 있다면 그리해야 할 것이다. 하지만 우리는 더욱 확실하고 합리적인 길을 갈 수 있다.

사람의 형법에 따른다면, 사람을 죽인 것이 확실하다면 당연히 살인죄가 되는 것이고 친구를 사슴으로 착각하였다고 하는 착오의 주장이 있거나 그렇게 볼만한 여지가 있다면 그것을 잘 살펴서 어떤 벌을 얼마나 줄 것인지를 고민하면 된다.

앞서 고의에 대해 사람의 마음속을 알 수 없으므로 고의는 죄가 되는데 필요한 것이 아니라 벌을 정하는데 필요한 것이라고 설명한 바 있다. 착오도 마찬가지이다.

어떤 사람이 죄를 저질렀다고 할 때 그 사람이 착오하여 죄를 저질렀는지 확정할 수는 없다.

죄를 저지른 자가 진실을 말하지 않는 경우를 생각해 보자. 착오하지 않았는데 착오했다고 할 수도 있고 착오했으면서 착오하지 않았다고 주장할 수도 있다. 하지만 결국 그것은 죄인의 주장이 될 수밖에 없다.

그러한 주장이나 정황이 설득력이 있어 죄를 판단하는 사람이 이를 받아들인다고 생각해보자. 그렇다면 그것은 죄가 된다고 해야 하는 것인가 아니면 죄가 되지 않는다고 해야 하는 것인가. 착오가 죄가 되는지 안 되는지를 결정하는 것인지를 따져보자는 것이다.

죄가 되는데 고의가 필요하다고 하는 신의 형법에서는 착오의 경우 당연히 고의가 없으므로 죄가 되지 않는다. 앞서 설명했듯이 이 경우에도 벌하지 않는 것이 아니라 죄가 되지 않는다고 해야 한다.

반면에 고의를 벌을 주는 정도에 관여하는 것으로 보는 사람의 형법에서는 죄를 저지른 자의 착오 주장은 죄가 있느냐 없느냐의 문제가 아니라 처벌의 정도에 관한 문제가 된다.

앞서 위법을 살펴보았고 위법의 개념을 도입한 형법은 죄가 되는 단계를 늘리면서 불필요한 많은 주장들을 야기했음을 알게 되었다.

신의 형법에서 착오가 죄가 되는 것을 막게 되면 이제 형법은 더욱 복잡하게 되어버린다. 죄가 되어가는 각각의 단계에서 착오하는 경우의 수까지 더해지면 그러한 여러 가지 경우의 수에 이르렀을 때 어떻게 판단하고 어떠한 죄가 되며 얼마나 처벌해야 하는지를 두고서 갖가지 난해한 이론이 쏟아져 나왔다.

이런 현상은 간결해야 할 형법을 복잡하게 만들어 버렸고 누구나 이해할 수 있어야 할 형법을 배우지 않으면 알 수 없는 언어처럼 변질시켜 버렸다.

형법에 있어서 다양한 이론이 존재한다는 것은 원칙적으로 보자면 학문의 생태를 다양하고 풍족하게 하는 것이므로 긍정적으로 바라볼 수 있다. 하지만 이해할 수 없고 설득력도 부족한 이론이 형법을 장악하고 형법에 존재하며 영향을 준다면 그러한 형법을 쓰고 있는 사회구성원들에게는 안타까운 일이다.

신의 형법에 의한 예를 들어보겠다. 앞서 살펴본 정당방위에 착오하는 경우를 더해보자. 전쟁터에서 어떤 사람이 동료를 놀려주려고 총알이 장전되지 않은 총인줄로만 알고 방아쇠를 당겼다고 주장하고 있다. 실제로는 장전된 총이어서 총알이 발사되었고 총을 맞은 동료는 죽었다. 그런데 죽은 동료는 자신의 총의 방아쇠에 손가락을 걸어둔 상태였다. 총을 쏜 자에게 그 이전부터 원한을 품고 있었는데 마침 그를 향해 총을 쏘기 직전에 오히려 총을 맞고 죽은 것으로 밝혀졌다.

총을 쏜 사람의 상황은 겉으로 보기에는 정당방위인 것처럼 보인다. 하지만 정작 그 사람은 정당방위라는 생각이 없이 장난으로 방아쇠를 당겼다는 것이다. 정당방위를 위법의 단계를 조각하는 장치로 놓고 여기에 정당방위인 상황을 인식하지 못하고 단지 착오로 동료를 죽인 것으로 설정해 놓은 것이다.

신의 형법의 편에 서있는 사람들은 이러한 예를 드는 것을 좋아한다. 이러한 각각의 단계와 상황에 따른 갖가지 복잡한 경우의 수가 나올 때 그에 따른 여러 가지 이론을 조합하여 문제를 해결하는 것을 높이 평가한다.

이것은 학문적 유희이다. 앞서 예로든 상황은 실제로는 거의 있을 수 없는 매우 어색한 상황이다. 무리를 해서 만약 실제로 저런 상황이 일어났다고 하자. 아니 정확하게 말하자면 형법에 따라 판단을 하는 사람이 저런 상황이 일어났다고 판단을 했다고 하자. 또한 착오의 주장이 거짓이라고 판단을 했다면 어떻게 되는지 생각해 보자.

사람의 형법에서라면 결론은 동일하다. 우리는 정당방위를 인정하는 것이 최선이라는 것을 알고 있다.

정당방위의 상황을 인정한다고 하자. 이때 죄를 저지른 사람이 정당방위의 상황을 알았으니까 알았다고 할 수도 있고 알았으면서 몰랐다고 할 수도 있다. 또한 몰랐으니까 몰랐다고 할 수도 있고 몰랐으면서 알았다고 할 수도 있다.

죄를 저지른 사람의 주장이 어떠하든지 간에 죄를 판단하는 사람이 정당방위의 상황을 인정한다면 정당방위에 대한 인식이 있었는지 여부를 떠나서 죄를 인정하지 않는 것이 현명하다. 죄가 되지 않을 상황이 존재하고 있기에 죄가 되지 않을까 라는 추정을 압도하기 때문이다.

이러한 논의 자체가 매우 어색하다. 앞서 예를 들어 설정한 상황은 실제로 일어날 가능성이 거의 없기 때문이다. 따라서 신의 형법적인 상황을 사람의 형법으로 판단하는 것은 큰 의미가 없다.

그리고 정당방위의 상황이 확실하다는 전제 역시 어색하다. 정당방위의 상황이 맞는지는 형법에 따른 판단을 내리는 과정에서 치열하게 따져보고 고민해야 할 부분이기 때문이다.

신의 형법은 정당방위를 전제하지만 사람의 형법은 정당방위를 고민한다.

신의 형법은 현실적으로 불가능한 전제를 당연한 듯 세워가면서 형법의 대상을 그것 자체로써 보지 못하고, 각각의 단계를 거쳐 갈 수록 오차의 범위를 넓혀가면서 진실에서 멀어지고 있다.

착오로 저지른 죄는 고의가 없이 죄를 저질렀다는 것을 말하는 것이므로 신의 형법에서는 죄가 되지 않는다. 특별히 벌하기로 한 때에는 과실범으로서 예외적으로 벌을 준다.

사람의 형법에서 착오는 죄가 되느냐 안 되느냐의 문제가 아니라 어느 정도 벌할 것인지의 문제이다.

여기에서 흥미로운 점은 대부분의 형법이 범죄상황에 대한 착오가 아니라 일단 범죄상황은 알았지만 그것이 죄가 되는지 몰랐다고 할 때에는 엄격하게 대한다는 것이다.

어떤 형법이 죄가 되는데 고의가 필요하다고 한다면 그것은 단순히 범죄상황에 대해 알았다기보다는 자신이 죄를 저지른다는 것을 알았음에도 불구하고 나아간 것이므로 죄가 된다고 보는 것이 맞다. 그렇다면 범죄상황은 알았으나 그것이 죄가 되는지 몰랐던 경우도 고의가 없는 것이다. 따라서 죄가 되지 않는 것이고 과실로 다루어질 여지만 남는 것이다.

대부분의 형법이 위의 상황을 엄격하게 대하는 이유는 현실적인 데에 있다. 범죄 상황은 증거나 증언에 의해 입증이 되지만 죄가 되는지 몰랐다고 하는 변명은 얼마든지 가능하기 때문이다.

죄를 저지른 자는 변명을 하기 마련이므로 그러한 경우에는 착오의 인정범위를 좁혀서 기본적으로는 고의를 가진 죄로 인정을 하되 특별히 설득력이 있는 경우에는 죄를 조각해주겠다는 것이다. 또한 죄를 인정하는 경우에도 벌을 감경할 수 있는 여지를 남겨두는 형법도 있다.

신의 형법과 맞지 않는 부분이다. 이런 내용들이 형법에는 많다. 신의 형법에서 고의가 있다면 죄가 되고 없다면 죄가 되지 아니하는 것임에도 고의를 가려낸다는 것이 실제로는 불가능하므로 신의 형법과 어울리지 않는 내용들이 형법의 곳곳에 존재하게 된다.

이는 형법의 원칙을 파괴한다고 볼 것은 아니고 신의 눈을 가진 형법이 균형을 잃고 스스로 무너지는 것을 막아주는 현실적인 필요에 따른 장치라고 볼 수 있다.

5
정신이상

신의 형법은 사람의 이성이 신과 같다고 정해놓고 신이 어떻게
죄를 다룰 것인지 설명하는 것과 같다. 신의 형법은 죄와 벌을 말
하기에 앞서 사람이 신이 될 수 있는 이유를 해명해야 할 것이다.

신의 형법에서 정신이상의 의미는 고의가 없다는 말이다. 고의가 없다면 죄가 되지 않는 것은 당연하다.

정신이상의 경우에 그 정도가 심하면 죄가 되지 않고 그 정도가 약하면 벌을 깎아주는 형법이 많다. 즉 정도가 심한 정신이상은 고의가 없는 것으로, 정도가 약한 정신이상은 과실이 있는 것으로 보는 형법이 많다.

정신이상은 고의가 없으므로 죄가 되지 않는다는 것은 곧 신의 형법임을 의미한다. 사람의 형법이라면 정신이상에 대해 죄는 인정하지만 벌을 주지 않거나 깎아주어야 한다는 결론에 이르게 된다.

죄를 저지른 정신이상자에 대해 증상의 정도를 정확히 밝혀내어 그것이 고의를 조각할 정도라면 그 정신이상자를 죄인으로 만들지 않겠다는 근대사람들의 형법정신은 높이 사고 싶다.

하지만 그것은 불가능한 일이다. 그것이 불가능한 일이라는 것을 인정하는 것이 매우 어렵고 난처할 수 있다. 이러한 모든 상황을 전부 고려했을 때 신의 형법을 인정하고 유지하는 것이 최선의 방법이라고 느낄 수도 있다. 또한 정신이상자에 대해 벌을 조각하거나 깎아 주는 것보다 죄를 조각해주는 것이 정신이상자를 보호하는데 적합하다고 생각할 수도 있다. 그러나 딱한 사정이 있는 죄인을 배려하기 위해 그가 저지른 죄를 없는 것으로 할 수는 없다.

정신이상의 원인은 다양하다. 신체적 장애를 가지고 태어났을 수도 있고 특정한 상황에서 발병하는 질병으로 인해 정신을 놓치게 되기도 한다.

가장 문제가 되는 것은 약이나 술로 인해 정신을 잃었다고 하는 주장일 것이다. 특히 술에 취해서 기억이 나지 않는다는 죄인의 주장을 받아들여 벌을 깎아주는 것이 사회구성원들의 감정에 어긋나는 경우가 많아 사회적인 문제가 되고 있다.

두 가지 상황을 생각해보자. 첫 번째 상황은 약에 취한 사람이 길거리에서 별다른 이유도 없이 지나가는 사람에게 몽둥이를 휘둘러 상처를 입혔다고 하자. 두 번째 상황은 약에 취한 사람이 정신을 잃은 상태에서 지나가는 사람에게 몽둥이를 휘둘러 상처를 입혔다고 하자.

이러한 상황에서 신의 형법에 의하자면 취한 정도가 심해 자신의 행동이 스스로의 판단과 의지였다고 할 수 없는 정도라면 고의가 없으므로 죄가 되지 않는다고 해야 할 것이다. 여기에서 가장 중요한 점은 어느 정도 취했었는지 몽둥이를 휘두를 당시 정신이 없는 상태가 맞는 것인지이다.

앞서 두 가지 상황을 제시했다. 첫 번째는 객관적인 상황이 담겨있다. 두 번째는 죄를 저지른 자가 약에 취하여 이미 정신을 잃었다는 판단을 내린 상태이다. 신의 형법을 따르는 사람들은 두 번째 상황 같은 예를 들기를 좋아한다.

가장 중요한 점은 약을 하고 죄를 저지른 사람이 죄를 저지를 때 약에 취해서 정신을 잃은 것인지 아니면 벌을 받는 것을 모면하기 위해서 정신을 잃었다고 거짓말을 하는 것인지이다. 이 부분이 실제로 형법에 따른 판단을 내리는데 있어서 가장 중요한 쟁점이 될 것임이 틀림없다. 이는 사람이 사람의 마음속을 알 수 없기 때문에 당연한 것이다.

그리고 죄를 저지른 자가 기억이 나지 않는다는 변명을 하는 경우가 많은데, 죄를 저지를 당시의 정신상태가 중요한 것이지 그 이후에 기억이 나지 않는다는 것은 죄가 되고 말고의 문제는 아니다.

신의 형법을 따르는 사람들은 이러한 곤혹스러운 사정(신의 형법은 고의가 있어야 죄가 되므로 정신이상에 대한 판단이 곧 죄가 되는지 안 되는지를 결정하게 된다)을 피해가기 위해서 아예 정신이상의 정도를 미리 정해놓은 상황을 예로 들고 그러한 경우에 어떻게 해야 할 것인지 설명한다. 이러한 사고방식은 고의와 관련된 모든 부분에서 나타난다.

예를 더 들어보자면 정당방위를 설명할 때 정당방위라고 인정할 수 있는지가 중요한 쟁점이 될 것인데 신의 형법에서는 정당방위인지 아닌지 어떠한 상황에서 어떤 생각을 하는지 모두 정해놓고 그런 다음에 어떻게 벌할 것인지를 말한다.

사람이 신이 될 수는 없다. 신의 형법은 사람의 이성이 신과 같다고 정해놓고 신이 어떻게 죄를 다룰 것인지 설명하는 것과 같다. 신이 죄를 다루는 것은 분명히 흥미로운 상상이다. 하지만 형법은 흥미를 끌기 위한 것이 아니고 죄를 묻기 위해서 존재하는 것이다. 신의 형법은 죄와 벌을 말하기에 앞서 사람이 신이 될 수 있는 이유를 해명해야 할 것이다.

우리가 형법에 따라 죄를 판단하는 사람이라면 정신이상을 주장하는 경우에 어떻게 하겠는지 생각해 보자. 신의 형법에 따르면 약에 취해서 정신을 잃었고 스스로 통제할 수 없었다고 인정이 된다면 죄가 안 된다고 판단해야 할 것이고 그렇지 않다면 죄가 된다고 판단해야 할 것이다.

사람의 형법에 의하면 일단 약에 취했다는 주장을 따지기에 앞서 길을 지나가는 사람에게 몽둥이를 휘둘러 상처를 입힌 것이 맞는지 결론을 낼 것이고 그것이 맞다면 사람에게 상처를 입힌 죄를 인정한 후에 약에 취해서 정신을 잃었다는 범죄자의 주장에 대해 고민하고 나서 어떤 벌을 어느 정도 줄 것인지 결정한다.

정신을 잃고 죄를 저지른 것인지에 대해 고민하는 것은 신의 형법이나 사람의 형법이나 마찬가지이다. 그러나 그 결과는 다르다. 죄를 정하는 단계에서 정신이상을 인정하는 것과 벌을 주는 단계에서 정신이상을 인정하는 것은 분명한 차이가 있는 것이다.

사람의 형법에서는 죄를 밝히는 것만큼이나 벌을 얼마나 적절하게 주느냐가 중요하다. 결국 우리는 형법에 따라 죄를 판단하고 벌을 주는데 있어서 우리에게 주어진 모든 것들을 가지고 최선의 결론을 이끌어 내는 것이지 죄를 저지른 자가 정신이상이었는지 아닌지 확정하는 것이 아니다.

물론 법적인 판단으로써 정신이상이었는지 아닌지 확정된 결론을 낼 수야 있겠지만 현실적으로 굳이 그렇게 할 필요가 없다면 그렇게 하지 않는 것이 바람직하다. 법적인 결론을 내는 사람도 그저 사람일 뿐이다. 사람이 사람으로서 할 수 없는 일을 해야 한다면 그것은 괴로운 일임이 분명하다. 특히나 죄를 판단하는 것을 직업으로 삼는 사람이라면 문제는 더욱 심각해진다.

그렇다면 우리는 확정할 수 없는 사람의 정신상태를 가지고 굳이 죄가 되느냐 마느냐를 결정할 까닭이 없는 것이다. 정신이상은 벌을 주는 단계에서 그리고 죄인에게 치료가 필요한지 판단하는 과정에서 따지는 것이고 그것이 곧 정신이상을 확정하는 것을 의미한다고 볼 것도 아니다.

어떤 형법은 죄를 저지르기에 앞서 범죄자 스스로가 술이나 약물 등에 의해 정신이상의 상태를 만든 후에 죄를 저질렀을 때 죄를 저지를 당시에 정신이 온전하지 못하였다고 하더라도 처벌한다고 정하고 있기도 하다.

이는 죄를 저지른 자들이 변명거리로 술이나 약에 취해 정신을 잃었다거나 기억이 나지 않는다거나 하는 등의 변명을 자꾸 늘어놓으니까 그러한 현실을 감안하여 생긴 것이다. 물론 정말 그렇게 느껴서 주장하는 사람도 있겠지만 말이다.

사람의 형법에서는 저러한 문장이 필요 없다. 그런 상황이 의심되더라도 죄가 조각되지 않고 벌을 결정하는 과정에서 충분히 살펴보면 될 것이기 때문이다. 신의 형법에서도 굳이 필요한 문장은 아니다. 고의를 가지고 정신이상의 상태를 자초하였고 그에 따라 죄를 저질렀다면 죄가 안 된다고 할 이유가 없기 때문이다.

다만 역사적으로 보았을 때 형법은 그에 따라 판단을 받는 사람의 입장을 생각하는 길을 걸어 왔다는 것을 떠올려 보자. 그렇다면 형법에서 고의가 필요하다는 문장을 좁게 해석하여 스스로 정신이상의 상태를 만들고 난 후에 죄를 저지른 자는 죄를 저지를 당시에는 고의가 없으므로 죄가 되지 않는다는 주장을 막기 위한 확인적인 조치라고 볼 수 있다.

6
미성년자

미성년자는 죄가 되지 않는다면 당연히 벌하지 않을 것이고
죄가 된다고 하더라도 벌을 하지 않을 것이므로 적어도 형법에
따라 벌을 줄 수 없는 특별한 사람들이다.

형법은 미성년자에 대해서 벌하지 않는 특별한 규정을 두고 있기 마련이다. 이때 미성년자의 기준이 나이라는 점에서 다른 벌하지 않는 사유들과 구별된다.

벌하지 않는 미성년자의 나이의 상한선을 어디에 맞출 것인가는 항상 고민의 대상이 될 수밖에 없고 이는 시대와 장소에 따라 다를 것이다.

미성년자의 죄는 죄가 되지 않는 것인지 아니면 죄가 되지만 벌을 하지 않는 것인지 생각해 보자.

벌하지 않는 미성년자는 나이만이 기준이 되기 때문에 그 안에서는 다양한 유형이 있다. 마냥 어린 아이도 있겠지만 상당히 교활한 범죄를 저지르는 소년도 있다. 그러한 범죄가 발생하면 많은 사람들이 분

노하기도 한다.

어린아이가 죄인이 될 수 없다는 것은 따질 것도 없다. 그러나 벌하지 않는 미성년자의 기준이 되는 나이의 상한선을 벗어나기 직전의 소년이 죄인이 될 수 있느냐 없느냐는 논란이 될 수밖에 없다.

이처럼 벌하지 않는 미성년자를 일률적으로 죄가 된다거나 아니면 되지 않는다고 말할 수 없다. 죄를 저지르더라도 벌하지 않는 사람들이므로 현실적으로 죄의 실상을 밝히는데 충분한 노력이 뒤따르기도 쉽지 않다.

벌하지 않는 미성년자는 죄가 되지 않는다면 당연히 벌하지 않을 것이고 죄가 된다고 하더라도 벌을 하지 않을 것이므로 적어도 형법에 따라 벌을 줄 수 없는 특별한 사람들이다.

벌하지 않는 미성년자는 신체적으로나 정신적으로 성숙하지 못한 사람을 보호하기 위한 것이다. 그렇다면 그들이 죄를 저질렀을 때는 죄가 되지 않는다거나 벌을 줄 수 없다고 방관할 것이 아니라 그에 맞는 대책이 있어야 할 것이다. 벌하지 않는 미성년자를 성숙 정도에 따라 세분하여 그것에 어울리는 대책이 있어야 하고 또한 개인마다 성숙도에 차이가 있으므로 그것에 대응할 수 있는 제도가 필요하다. 이러한 문제들에 대한 정책적인 노력이 매우 중요하다.

7
감경

신의 형법은 신이 자신의 피조물에게 아량을 베풀듯이 벌을
깎아주지만 사람의 형법은 죄인과 죄에 대해 치열하게 고민하고
그러한 고민의 끝에 벌을 결정한다.

형법에는 벌을 더욱 무겁게 하거나 반대로 덜어주는 경우가 있다. 죄를 저지른 자에게 정해진 어떠한 조건을 만족할만한 사유가 있다면 그 죄에 따른 벌의 양을 조절하는 것이다.

더욱 무겁게 벌하는 경우는 죄를 저지르고 벌을 받은 사람이 또다시 죄를 저질렀거나, 상습적이거나 특별한 신분이 있는 경우 등이므로 이들에 대한 가중처벌은 사람들의 법 감정에 어긋나지 않아 크게 문제가 되지 않는다.

다만 학문적인 논쟁을 즐기는 사람들은 자꾸만 범죄를 저지르는 자들에게 벌을 주는 것은 죄를 뉘우치게 하는 효과가 없고 오히려 치료가 필요하다고 주장하면서 이들에 대한 처벌을 반대한다.

이러한 극단적인 양분화는 이해하기가 쉽고 학문적인 흥미를 유발하는데 적절한 소재가 되기는 하겠다. 하지만 오래전 청동기시대의 법이라고 해서 죄인의 교화에 관심이 없었던 것은 아니다.

물론 시대가 거듭될수록 범죄인에게 더욱 큰 관심을 갖게 되었고 그들의 교화와 사회복귀를 위해 고민하고 정책을 세워 노력해온 것이 사실이며 이는 바람직한 방향일 것이다.

죄를 저질렀다면 그만큼 벌을 달게 받고 그러면서 뉘우치고 새 사람이 되기를 바라는 것은 어느 시대에서나 마찬가지였다. 이것이 형법의 기본원칙이고 적어도 공평하다. 여기에 범죄인에 대한 관심과 연구의 결과물을 보완하면 되는 것이다.

사람의 시대가 시작된 신석기시대나 그 후의 청동기시대와 철기시대 등을 가리켜, 당시의 형벌은 오로지 복수의 의미이다라는 식의 설명은 지나치게 단순화되어 왜곡된 논리이고 설득력이 없다. 그러한 주장을 하는 사람들은 우리자신의 존재에 대한 고민이 부족한 것이다.

가중과 달리 감경은 많은 의문을 갖게 한다. 가중은 적어도 형법에 의해 벌을 받았던 사람이 또다시 범죄를 저질렀다든가 상습적이라는 등의 확실한 이유에 의한 것이다. 그러나 감경은 물론 범행이 미수에 그쳤다거나 피해자에게 보상을 했다거나 하는 확실한 이유도 있겠지만 문제가 되는 것은 죄인이 뉘우친다거나 하는 등의 이유로 행해질 때이다.

대부분의 죄인은 고의가 없었다거나 죄를 뉘우친다고 하면서 죄가 없다거나 벌을 없애주거나 깎아주기를 원할 것인데 어떠한 기준에 따라 벌을 정할 것인지는 어려운 문제이다. 가장 큰 문제는 벌을 깎아줄 때 그 사유에 관계없이 정해진 일정한 비율대로 깎는 것이다.

예를 들어, 죄를 저지른 사람이 뉘우친다거나 아니면 신상에 특별한 사정이 있다거나 또는 범행의 행태에 참작할 만한 점이 있다거나 하는 등의 경우에 벌을 깎아준다고 하자. 이때 일단 벌을 깎아준다는 결정이 내려지면 그 사유나 정도와 무관하게 그저 정해진 벌의 양을 일률적으로 깎은 범위 내에서 벌을 주는 것이다.

나쁜 죄를 저질렀고 그 죄가 인정이 되었음에도 불구하고 이런저런 이유로 벌을 깎아나가다가 결국은 벌을 주는 것을 미루는 결과 즉 벌을 일정한 기간이나 어떠한 조건하에서 조각하기로 하는 결정에 이르기도 한다.

죄를 저질렀더라도 그에 합당한 이유가 있다면 벌을 없애줄 수도 있고 깎아줄 수도 있다. 또한 벌을 깎다보면 그 벌을 주는 것을 미루고 죄인을 풀어주어 자유를 줄 수도 있다. 여기에서 중요한 것은 우리는 죄인의 벌을 없애주거나 깎아주거나 하는 사유에 대한 진지한 고민 끝에 어떤 벌을 줄 것인지의 결론에 이르러야 한다는 것이다.

일률적인 감경규정이 있는 형법은 일단 감경을 할 것인지에 대한 고민이 끝나면 그 이후로는 그 형법이 가진 체계에 맡겨버리게 된다.

벌을 주는 것을 미루고 죄인을 풀어주어 자유를 주는 경우라면 그것은 형법에 따른 판단을 하는 사람의 결론이어야지 형법이 가진 체계상에서 형법 스스로가 결정한다거나 그러한 결정이 내려지도록 조건을 만족하게 하는 것은 옳지 않다. 어떤 벌을 얼마만큼 줄 것인지는 형법이 스스로 판단하는 것이 아니라 사람이 형법에 따라 판단해야 한다.

신의 형법은 신이 자신의 피조물에게 아량을 베풀듯이 벌을 깎아주지만 사람의 형법은 죄인과 죄에 대해 치열하게 고민하고 그러한 고민의 끝에 벌을 결정한다.

8
고의가 있어야 죄가 된다는
원칙이 일으키는 오류

(논문)

〈초록〉

　형법은 고의가 있어야 죄가 된다고 선언하고 있다. 이는 형법에 따라 죄를 판단할 때 고의를 명백하게 밝혀낼 수 있다는 것을 전제한 것이다. 그러나 우리는 다른 사람의 고의를 알 수 없다. 따라서 고의는 형법에서 오류를 일으키게 된다. 형법에 따라 죄를 밝힌다는 것은 고의가 있는지 따지는 것이 아니라 증거와 논리에 맞게 합리적인 판단을 내리는 것을 의미한다. 근대형법이 어떤 죄가 되느냐에 집중했다고 한다면 현대형법은 어떤 벌을 얼마만큼 주어야 하는지에 관심을 가져야 한다. 이 논문에서는 고의가 있어야 죄가 된다는 원칙이 형법에서 일으키는 오류를 강도강간죄를 통해서 자세하게 살펴보고 나아가 형법에서 고의가 맡아야 할 역할을 생각해 볼 것이다.

1. 도입

　형법에서 고의가 있어야 죄가 된다는 원칙[1]은 사람이란 법을 지키는 이성적인 존재임을 선언한 것이며 이는 중세를 넘어선 근대형법 정신의 승리인 것처럼 보인다. 이 원칙은 사람이란 이성적이며 그가 속한 사회에서 만든 법을 따르고 수호하는 존재임을 전제한 것이다. 따라서 사회구성원으로서 당연히 법을 지켜야 함을 알고 있음에도 불구하고 그렇게 하지 않고 법을 어겼을 때 죄가 된다는 것이다. 이는 우리는 누구인가 어떤 존재인가를 논하는 철학의 물음에 형법이 대답을 한 것이다.

1　독일 형법 제15조, 프랑스 형법 제121-3조, 오스트리아 형법 제5조, 스위스 형법 제12조, 대한민국 형법 제13조, 중국 형법 제14조, 일본 형법 제38조 등

여기에서 법철학사상 가장 중요한 질문중의 하나를 하고자 한다. "당신은 다른 사람의 고의를 알 수 있는가?" 이 질문은 법학의 문제이면서 동시에 철학의 문제이다. 이것은 법에 관한 논리이기 이전에 우리 존재에 대한 고민이기 때문이다.

철학은 현실의 문제에서 출발하였고 법철학도 마찬가지이다. 법철학은 철학의 연장선상에 있으며 다만 철학을 법에 적용하는 데에 있어서 제한사항이 있을 뿐이다. 이 논문의 주제인 고의를 가지고 설명해 보겠다. 철학에서 고의는 일인칭이든 아니든 다양한 시점에서 자유롭게 논의될 수 있다. 물론 사람의 인식의 한계나 착오까지도 포함될 수 있다. 이번에는 형법에서 고의를 논한다고 해 보자. 물론 형법에서도 고의에 관한 철학에서의 논의를 그대로 이어갈 수 있다. 하지만 결국 형법이란 죄와 벌에 관한 법이므로 형법의 대상이 어떤 죄가 되고 얼마나 벌을 받아야 하는가의 문제로 귀결될 수밖에 없다. 중요한 것은 형법에 따라 죄와 벌을 판단하는 주체는 죄를 저지른 자가 아니라 다른 사람이거나 다른 사람들이라는 것이다. 죄를 저지른 자가 스스로 자신의 고의에 맞게 죄를 정하는 것이 아닌 것이다.

따라서 철학에서 논의한 고의에 대한 여러 가지 유형과 의미 또 그로 인한 사회적 영향 등은 형법에서 죄와 벌을 판단하는 데에 그대로 적용될 수 없다. 그것은 '사람은 다른 사람의 고의를 알 수 없다.'라는 형법에서의 제한사항을 철학적 논의에서는 고려하지 않았기 때문이다. 형법에서 고의를 논의할 때에는 우리는 다른 사람의 고의를 알 수 없다는 것을 반드시 반영해야 한다. 널리 알려져 있고 권위를 가진 철학자의 사상이나 이론이라고 할지라도 그것이 순수하게 철학적인 관점에서만 도출된 것이고 형법에서의 제한사항을 고려하지 않았다면 그것은 항상 형법에 그대로 적용된다고 할 수 없다.[2]

'어떤 누구도 다른 사람의 고의를 알 수 없으므로 고의는 죄가 되는 데 필요하다고 할 수 없다.'는 주장은 박준형의 저서 『형법의 눈』[3]에서 처음 등장한다. 너무나도 당연하여 반론의 필요조차 없어 보이는 이 주장은 그래서 오히려 더욱 받아들이기 힘들 수도 있다.

근대 이후 우리의 존재와 인식에 관한 철학적 논의가 제한 없이 형법에 유입되었고 그것은 고의가 있어야 죄가 된다는 원칙으로 자리를 잡게 된다. 그리고 이 원칙은 형법을 관통하면서 거대한 오류를 일으키고 있다.

이 논문에서는 고의가 형법에서 일으키는 오류에 관한 구체적인 예를 들어 논증해 나갈 것이지만, 사실 죄가 되는 데에 고의가 필요하다고 하는 것 자체가 오류이다. 우리는 다른 사람의 고의를 알 수 없기 때문이다. 따라서 죄가 되는 데에 고의가 있어야 된다고 하는 형법에서 그러한 원칙을 충실하게 반영한 형법이라면 그 자체로서 오류가 된다. 또한 현실을 반영하여 원칙을 일부 수정을 하였다고 하여도 원칙

---

2   Jun-Hyung Park, Die augen des strafrechts, (Stuttgart: Verrai, 2016), p.36
3   박준형, 형법의 눈, (일산: 좋은땅, 2015), p.12

을 깬 것이므로 형법체계상의 모순이 된다. 물론 원칙은 수정될 수 있고 현실을 반영하는 것이 법의 사명이지만 필요하지도 않은 원칙을 설정해 놓고 또 그 원칙을 깬다는 것은 논리를 잃었을 뿐만 아니라 법에 대한 신뢰를 무너뜨리는 심각한 문제를 발생시킨다.

 '고의가 죄가 되는 데 필요하다고 할 수 없다.'라는 주장에 대한 반론을 예상해 보자면 형법에서 고의가 있어야 죄가 된다는 것은 '비록 사람이 다른 사람의 고의를 알 수 없다고 하더라도 고의가 있어야 죄가 된다는 원칙이 지켜질 수 있도록 최대한 노력하라.'라는 형법이 추구하는 목표를 선언한 것이라는 주장을 들 수 있겠다. 고의가 있어야 죄가 된다는 원칙이 그것이 실현 가능한가의 문제를 제쳐두고서라도 역기능 없이 형법의 이념을 보여 주는 순기능만을 가지고 있다면 지금 이러한 논의가 필요하지 않을 수도 있다. 하지만 결코 그렇지 않다. 고의가 죄가 되는 필수적인 요건으로 형법에 존재함으로써 일으키는 오류는 형법체계 전체를 관통하면서 전반적으로 큰 영향을 미치고 있다. 이제 강도강간죄를 소재로 하여 구체적인 예를 들어서 살펴보기로 하자.

2. 강도강간죄

이 논문에서는 고의가 형법에서 일으키는 오류를 보여 주기 위해서 강도강간죄라는 소재를 선택했다. 추상적이고 관념적인 논리보다는 구체적인 예를 들어서 논증하는 것이 바람직하기 때문이다. 이 세상에는 많은 형법이 있다. 강도강간죄를 가지고 있는 형법도 있고 없는 형법도 있다. 이 소재는 강도강간죄를 가진 형법을 쓰고 있는 사회라면 직접적인 연관성이 있을 것이고 강도강간죄가 없는 형법을 쓰고 있는 사회라고 하더라도 형법체계의 고찰과 개선이라는 점에서 시사점을 줄 것이다. 법철학은 결코 실정법과 유리되어 있지 않다.

강도강간죄란 강도를 저지른 자가 강간까지 저지르는 것을 말한다. 고의가 있어야 죄가 된다는 원칙을 가진 형법에서 강도강간죄는 강간을 저지른 자가 강도까지 저지르는 강간강도죄[4]와 분명하게 구별된다. 강도와 강간의 고의에 따라 강도강간죄가 되는 경우를 검토해 보자.

A. 강간의 고의는 없이 강도의 고의로 강도를 저지른 후 비로소 강간의 고의가 생겨 강간까지 저지른 경우

B. 강도의 고의는 없이 강간의 고의로 강간을 저지른 후 비로소 강도의 고의가 생겨 강도까지 저지른 경우

C. 처음부터 강도와 강간의 고의를 모두 가지고 강도를 먼저 저지른 후 강간까지 저지른 경우

D. 처음부터 강도와 강간의 고의를 모두 가지고 강간을 먼저 저지른 후 강도까지 저지른 경우

　A는 강도를 저지른 후에 강간의 고의가 생겨 강간을 저지른 것으로 강도강간죄의 전형적인 유형이다. 이에 대비되는 유형이 B이다. B는 강간을 저지른 후에 강도의 고의가 생겨 강도까지 저지른 것으로 강도강간죄라고 할 수 없다. C는 고의를 생각하지 않고 겉모습만으로는 A와 같고 D의 겉모습은 B와 같다. 그러나 C와 D는 A, B와 달리 처음부터 강도와 강간의 고의를 모두 가졌다는 점이 다르다. C와 D는 강도와 강간의 고의를 모두 가졌으나 범행의 순서가 다를 뿐이다. D는 강간을 먼저 저지르고 나서 강도를 저지른 것으로 강도강간죄가 되는지 논란이 있을 수 있다. D가 강도강간죄인지 아닌지는 강도강간죄의

4　이 논문에서는 강도를 저지른 자가 강간까지 저지르는 강도강간죄와 대비되는 개념으로 강간을 저지른 자가 강도까지 저지르는 것을 강간강도죄라고 지칭하기로 한다.

필요성을 살펴보아야 한다.

강도강간죄를 따로 정하고 있지 않은 경우를 생각해 보자. 그렇다면 강도강간죄를 저지른 자는 각각 강도죄와 강간죄가 되고 그에 따라 벌하게 되므로 형벌체계에 공백이 생기는 것은 아니다. 강도강간죄를 따로 정하고 있는 이유는 강도죄와 강간죄로 각각 벌하는 것보다 더 무겁게 벌하려는 것이다. 그 이유는 우리 사회가 재물보다 사람의 성(性)을 더욱 중요하게 여기기 때문이며 따라서 사람의 성을 특별히 더욱 두텁게 보호하고자 하는 것이다.[5]

그렇다면 강도강간죄를 강간강도죄보다 무겁게 벌하는 것이 사람의 성을 보호하려는 입법목적을 충실히 달성할 수 있는 것인지 생각해 보자. 먼저 고의가 있어야 죄가 되는 형법에서 강도강간죄와 강간강도죄가 구분될 수 있는지를 따져보아야 한다. A는 전형적인 강도강간죄이고 B는 전형적인 강간강도죄이다. C와 D는 죄를 저지르기 전부터 강도와 강간의 고의를 모두 가진 경우로 외형상 각각 A와 B의 모습을 하고 있다. A와 B의 차이가 무엇인지 생각해 보자. A는 강도의 고의(강간의 고의는 없었음)를 가지고 강도를 저지른 후 비로소 강간의 고의가 생겨서 강간까지 저지른 것이고 B는 강간의 고의(강도의 고의는 없었음)를 가지고 강간을 저지른 후 비로소 강도의 고의가 생겨서 강도까지 저지른 것이다. 그렇다면 A와 B는 분명하게 구분된다고 할 수

---

5   Jun-Hyung Park, Die augen des strafrechts, (Stuttgart: Verrai, 2016), p.20

있겠다. 이 경우에 A와 B가 구분된다는 것은 서로 다른 유형으로 나눌 수 있다는 의미이지 A와 B를 실제로 판별해 낼 수 있느냐는 다른 문제임을 놓치지 않기를 바란다. 이 부분은 뒤에서 다시 논의하기로 한다. 이렇게 강도강간죄와 강간강도죄는 구분이 되는 죄임을 알아보았다.

이제는 강도강간죄를 특별히 무겁게 벌하는 것이 사람의 성을 보호하는 데에 효과적인지 살펴보자. 재물보다 사람의 성이 중요한 가치임이 분명하다면 강도강간죄를 강간강도죄보다 무겁게 벌하는 것은 설득력이 있다. 물론 강도강간죄가 없는 형법이라고 하더라도 강도죄와 강간죄로 각각 벌하게 되므로 형벌체계에 공백이 생기는 것은 아니다. 강도강간죄는 강도죄와 강간죄에 대한 형벌체계를 이미 가지고 있는 상태에서 특별히 사람의 성을 보호하기 위하여 더욱 무겁게 벌하는 것이다. 강간을 먼저 저질러 버렸다면 이미 강도강간죄에서 특별히 보호하고자 하는 사람의 성이라는 가치가 훼손된 것이다. 반면 강도만을 한 상태라면 여기에서 강간을 저질러서는 안 된다는 강력한 경고가 필요한 것이다.[6] 강도와 강간을 관련시켜 다루는 이유는 피해자가 가해자에 의해 압도된 상태이기 때문이다. 이러한 상황을 이용하여 강도를 저지른 자가 강간까지 저지를 수 있기 때문이다.[7] C와 D는 이미 강도와 강간의 고의를 가지고 있으므로 강도와 강간을 저지른 순서와 관계없이 강도강간죄가 된다. 이미 강간의 고의를 가진 자에게

---

6   Jun-Hyung Park, Die augen des strafrechts, (Stuttgart: Verrai, 2016), p.23
7   Jun-Hyung Park, Die augen des strafrechts, (Stuttgart: Verrai, 2016), p.19

강도강간죄는 강간죄를 저질러서는 안 된다는 강력한 처벌의 경고를 한 것이기 때문이다. A, B, C, D의 경우에 죄가 무거운 정도를 상대적으로 도식화해 보면 'b<a<c=d'라고 할 수 있다. C, D는 A보다 무거운 죄[8]라고 할 것인데 강도강간죄를 적용하지 않으면 A보다 가벼운 벌을 받게 되어 형벌체계에 모순이 생긴다.

강도강간죄의 모습을 예를 들어 살펴보고 다음 논의로 넘어가기로 하자. 먼저 강도강간죄라는 죄명을 따로 가지고 있는 경우를 들 수 있다.

죄명: 강도강간죄
내용: 강도를 저지른 자가 강간까지 저지르면 감옥에 10년 이상 가둔다.

강도강간죄를 가지고 있는 형법이라면 위와 같은 형태가 가장 일반적이라고 할 수 있다. 강도죄와 강간죄를 포함하고 있고 특별히 사람의 성을 두텁게 보호하기 위한 것이므로 따로 제목을 만들어 규정해 놓은 것이다.

다음으로 강도강간죄라는 죄명을 따로 정해 놓은 것은 아니지만 강도죄에서 강간을 한 경우에 가중하여 벌하는 경우를 들 수 있다.

죄명: 강도죄

---

8   A와 C는 외형은 같지만 C는 처음부터 강도와 강간의 고의를 모두 가지고 있었다는 점에서 A보다 무거운 죄라고 할 수 있다.

내용: 강도를 저지른 자는 감옥에 3년 이상 가둔다. 본 죄에 해당하는 자가 강간까지 저지르면 감옥에 10년 이상 가둔다.

3. 고의가 강도강간죄에서 일으키는 오류

형법에서는 죄가 되는 데에 고의가 필요하다고 한다. 그러나 우리는 다른 사람의 고의를 알 수 없다. 이것이 고의가 형법에서 오류를 일으키게 되는 이유이다. 이제 강도강간죄를 통해서 자세하게 살펴보자.

앞서 강간을 먼저 저지른 후 강도를 저지른 경우 강도강간죄에 해당하는지 검토해 보았다. 결론은 강간죄를 저지르기 전에 강도의 고의가 있었는지에 따라서 있었다면 강도강간죄가 될 것이고 없었다면 강도강간죄가 되지 않는다는 것이다. 그런데 문제는 죄인의 고의를 알 수 없다는 것이다.

강간을 저지른 후에 강도를 저지른 경우를 차근차근 살펴보자. 형법은 고의가 있어야 죄가 된다고 한다. 따라서 고의를 명확하게 밝혀내어 강도강간죄인지 판단해야 할 것이다. 강간을 저지르기 전에 강도의 고의가 있었다면 강도강간죄가 될 것이고 없었다면 강도강간죄가 아니다. 그러나 형법에 따라 죄를 판단하는 사람은 죄인의 고의를 알 수가 없다. 단지 증거나 정황에 따라 짐작할 뿐이다. 결국은 강도의 고의가 있느냐 없느냐 중 하나를 선택할 수밖에 없고 그에 따라 강도강간죄가 되느냐 마느냐가 결정될 것이다. 물론 형법에 따라 죄를 판단할 때 증거나 정황을 잘 살피면 고의에 대한 최선의 판단을 할 수 있다고 주장할 수는 있다. 그러나 지금의 형법처럼 죄가 되는 데 고의가 필요하다고 한다면 고의가 형법에서 갖는 의미는 고의가 있느냐 없느냐의 양자택일의 선택만 남게 된다. 그렇다면 고의가 어떠한지 살펴봄으로써 진실에 다가설 수 있는 가능성은 사라지게 된다. 결국 형법에서 고의의 본질은 죄가 되는 데에 필요한 것이 아니라 벌을 줄 때 고려해야 할 것임을 알 수 있다.[9]

　형법에 따라 죄를 판단하는 사람이 강도의 고의에 대하여 내린 결론이 진실과 어긋난다면 어떻게 되는지 생각해 보자.[10] 처음부터 강도와 강간을 모두 저지를 고의를 가지고 강간을 먼저 저지른 후 강도를 저질렀다고 하자. 이는 강도강간죄가 되어야 한다. 그런데 형법에 따라

9　Jun-Hyung Park, Die augen des strafrechts, (Stuttgart: Verrai, 2016), p.16
10　여기에서 한 가지 분명히 정리해 두어야 할 점은 형법에 따라 판단하는 사람이 자신의 생각 그대로 판단을 내리느냐에 관한 것이다. 그것은 양심의 문제이고 이 논문에서는 논의하지 않기로 한다. 여기에서의 논의는 형법체계가 가지는 논리와 합리에 관한 것이고 그러한 주제에 집중하고자 한다.

판단하는 사람이 강간을 저지른 후 비로소 강도의 고의가 생겼고 따라서 강도강간죄가 아니라고 판단했다면 강도강간죄가 아니다. 우리에게는 죄에 대한 진실이 아니라 법에 따라서 내린 결론이 남을 뿐이다.

이 논문의 주제는 형법에 따라 죄를 판단하는 사람이 다른 사람의 고의를 알 수 없기 때문에 고의가 있어야 죄가 된다고 하는 형법체계에서 고의가 일으키는 오류에 관한 것이다. 이것은 형법에 따라 죄를 판단하는 데에 있어서 우리가 인식할 수 있는 범위에 관한 것이고 인식론이라는 점에서 철학의 주제이기도 하다.

형법에 따라 죄를 판단하는 관점은 그것을 바라보는 다른 사람의 눈이다. 범죄자가 스스로 자신의 죄를 결정하는 것이 아니기 때문이다. 그리고 우리는 다른 사람의 고의를 알 수 없다. 근대 사람들은 이점을 간과하였고 그들은 고의가 있어야 죄가 된다고 하는 형법을 만들었다. 우리는 다른 사람의 고의를 알 수가 없으니 그들이 만든 형법은 근본적인 오류에 빠지게 된다. 죄가 되는 데에 고의가 필요한지에 관한 논의는 우리의 노력이나 능력과는 무관한 사람의 본성에 관한 문제이다. 지금 우리가 해야 할 일은 고의를 밝혀내기 위해 더 열심히 노력하고 더 치밀한 논리를 갖추어야 하는 것이 아니라 우리의 본성을 되찾는 것이다. 죄를 밝혀낸다는 것은 고의를 밝혀내는 것이 아니라 범죄 상황을 밝혀내는 것이다.[11] 우리가 다른 사람의 고의를 알 수 없

---

11   Jun-Hyung Park, Die augen des strafrechts, (Stuttgart: Verrai, 2016), p.14

다는 것을 인정하는 것이야말로 진정한 용기이고 합리적인 법을 만드
는 출발점이 될 것이다.

4. 해결

일본에서는 최근 형법을 개정하고 시행하였다. 강도강간죄도 개정이 되었는데 강간강도죄를 강도강간죄와 동일하게 벌하는 것으로 개정하였다.[12] 개정 전에는 강간강도죄를 강간죄와 강도죄에 해당하는 것으로 보고 그에 따라 벌하던 것을 개정 후에는 강도강간죄와 동일하게 무겁게 벌하는 것으로 바꾼 것이다. 이것은 범죄의 선후관계에 따라 벌이 달라진다는 비판을 수용한 것으로 보인다. 일본의 강도강간죄 개정은 강도강간죄와 강간강도죄를 구별하면서도 동일하게 벌하는 형식을 취했다. 그렇다면 일본형법이 강도강간죄를 개정한 이유는 강도강간죄를 특별히 무겁게 벌하던 것이 그 의미를 잃었기 때문이라고

---

12   일본 형법 제241조

할 수밖에 없다.

이러한 추론은 형법에 따라 고의를 밝혀낼 수 있다는 전제를 깔고 있다.[13] 앞에서 살펴보았듯이 강도강간죄를 특별히 무겁게 벌하는 이유는 재물보다 사람을 중요하게 여기기 때문이다. 재물보다 사람의 가치를 앞에 두는 것은 어떤 사회든지 강도강간죄를 특히 무겁게 벌하는지의 여부와 상관없이 동의할 것임이 분명하다. 그렇다면 강도강간죄를 특별히 무겁게 벌하는 이유가 그 의미를 잃었다고 할 수는 없을 것이다.

이번에는 고의를 알 수 없다는 전제를 깔면 어떤 추론이 가능할 것인지 생각해 보자. 우리가 다른 사람의 고의를 알 수 없다고 하더라도 고의가 있어야 죄가 된다고 하는 근대 형법의 큰 원칙을 버린다는 것은 생각하기 힘드니[14] 일단 강도강간죄와 강간강도죄를 구별하되 이들 죄의 벌을 무거운 쪽으로 통일하는 것이다. 형법이 현실을 수용하여 개정된다는 것은 권장할 만한 일임이 분명하지만 그렇다고 하여 법체계의 통일성을 무시할 수도 없다. 형법이 현실에 맞게 개정되면서도 법체계에 모순됨이 없이 그 이전에 강도강간죄가 가지고 있던 여러 가지 의미와 기능들까지 살릴 수 있다면 얼마나 좋겠는가. 형법이 강도강간죄를 통해 강도죄와 강간죄에서 보호하고자 하는 가치에 대한 우

13　형법은 도덕이나 윤리가 아닌 강제력을 가진 규범이다. 따라서 고의가 있어야 죄가 된다고 하는 형법은 고의를 밝혀낼 수 있다는 전제를 가진 것으로 보아야 한다.
14　고의가 있어야 죄가 된다는 원칙을 버린다는 것은 형법의 틀을 바꾸는 것이고 새로운 형법을 만드는 것을 의미한다.

선순위를 보여 주고 그것에 비례하여 차별화된 벌의 양이 강간을 저지르려는 강도에게 강력한 경고를 하는 것 말이다.

강도와 강간에 대한 고의를 정확하게 밝혀낼 수 있었다면 일본형법의 강도강간죄는 개정되지 않았을 것이다. 강간강도죄를 강도강간죄와 마찬가지로 무겁게 벌하는 것으로 개정한 일본의 경우가 고의가 있어야 죄가 된다는 원칙을 유지하면서 할 수 있는 가장 현실적인 방법이라고 할 수 있을 것이다. 그러나 이제는 근본적인 변화가 절실히 필요한 때이다.

형법에서 강도강간죄를 개정하는 경우를 정리해 보자. 먼저 형법에서 죄가 되는 데 고의가 필요하다는 원칙을 유지하는 경우를 살펴보자. 우선 강도강간죄를 폐지하는 방법을 생각해 볼 수 있다. 이것은 다른 사람의 고의를 알 수가 없다는 것을 인정하는 것이라고 할 수 있다. 비록 형법이 고의를 밝혀낼 수 있다는 전제를 가지고 만들어진 것이라고 하더라도 그것은 현실적으로 불가능한 일이므로 고의를 밝혀낼 수 없다는 현실을 인정하고 강도강간죄를 폐지하는 방법으로 수용한 것이라고 할 수 있다. 이 경우는 별다른 논쟁거리가 되지 않을 것이다. 이러한 이유로 강도강간죄를 폐지하고자 한다면 그 형법은 궁극적으로 죄가 되는 데 고의가 필요하다는 원칙도 폐지하는 방향으로 나아가야 할 것이다.

그리고 강도강간죄를 강간강도보다 무겁게 벌할 필요가 없다고 판단하는 경우도 생각해 볼 수 있다. 이것은 강간이 강도보다 나쁜 죄라고 할 수 없다거나 아니면 강도강간을 강간강도보다 무겁게 벌하는 것이 범죄를 예방하는 효과가 없다고 보는 경우이다. 강간이 강도보다 나쁜 죄라는 것은 사람의 가치가 재물보다 우선한다는 것으로 우리가 가진 보편적인 가치관에 부합한다. 그렇다면 이 경우는 강도강간죄를 강간강도죄보다 무겁게 벌하는 것이 특히 강도가 강간을 저지르려는 것을 저지하는 효과가 있느냐가 핵심이 될 것이다. 형법에서 범죄의 결과에 상응하는 형벌을 설계하는 것은 범죄예방에 도움이 될 것임이 분명하다. 강도강간죄의 강력한 처벌은 강도가 강간으로 나아가는 것을 막는 효과가 있고 또한 그 형법을 가진 사회가 사람의 성을 두텁게 보호하고자 노력한다는 것을 보여 준다. 따라서 강간이 강도보다 나쁜 죄라고 할 수 없다는 것에 동의할 수 없으며 또한 강도강간을 강간강도보다 무겁게 벌하는 것이 강도가 강간을 저지르려는 것을 저지하는 효과가 없다는 것에도 동의할 수 없다.

이번에는 강간강도죄를 강도강간죄와 동일하게 벌하는 방법을 생각해 보자. 이것은 강간강도죄의 벌을 강도강간죄에서 정한 벌의 수위만큼 높이는 것이다. 강도강간죄가 가지는 의미[15]를 유지하면서도 다른 사람의 고의를 알 수 없다는 현실을 반영한 것이다. 죄가 되는 데 고의가 필요하다는 원칙을 유지하는 한 가장 현실적인 방안이라고 할 수 있다. 하지만 이 방법은 근본적인 해결책이 될 수 없고 고의가 있

---

15 사람의 성이 재물보다 중요한 가치이며 또한 강도강간죄를 무겁게 벌하는 것이 강도를 저지른 후 강간까지 저지르려는 것을 저지하는 효과가 있다는 것

어야 죄가 된다는 원칙을 유지하면서도 다른 사람의 고의를 알 수 없다는 현실을 반영했다는 것은 서로 모순된다.

다음으로 형법에서 죄가 되는 데 고의가 필요하지 않다고 한다면 강도강간죄의 개정은 어떻게 해야 할지 생각해 보자. 강도강간죄 논란의 원인은 고의에 있다. 고의를 알 수 있다면 강도강간죄와 강간강도죄를 구별할 수 있을 것이고 알 수 없다면 구별할 수 없을 것이다. 우리는 다른 사람의 고의를 알 수 없음이 분명한데도 형법은 죄가 되는데 고의가 필요하다고 하고 있으므로 오류가 발생하는 것이다. 그렇다면 죄가 되는 데 고의를 따지지 않는다면 강도강간죄와 강간강도죄의 문제는 자연스럽게 해결될 것이다. 이것은 단지 강도강간죄의 오류를 해결하는 것에 그치는 것이 아니라 형법의 철학을 바꾸는 것이고, 형법의 관심이 어떤 죄가 되느냐에서 어떤 벌을 얼마만큼 주어야할 것인지로 옮겨가는 것을 뜻한다.

죄가 되는 데 고의를 필요로 하며 강도강간죄를 가지고 있는 사회에서 강간을 저지른 후 강도를 저지른 경우에 실제로 벌어질 수 있는 일을 관점을 달리하여 예를 들어보겠다. 이를 통해 고의가 강도강간죄에서 오류를 일으키는 과정을 볼 수 있고 형법체계에 어떻게 영향을 주는지 알 수 있다.

A. 죄를 저지른 자 – 처음부터 강도와 강간을 모두 저지르려는 고의를 가지고 강간을 먼저 저지른 후 강도를 저지른다. 형법에 따라

판단을 받을 때 강간을 저지르기 전에는 강도의 고의가 없었다는 거짓된 주장을 한다.

B. 형법에 따라 죄를 판단하는 사람 – 증거와 정황을 바탕으로 범인의 고의에 대하여 고민한 후 강간을 저지른 후에 강도의 고의가 생겼다고 판단하여 강도강간죄가 아니라고 결론을 내린다.

C. 이 사건을 바라보는 사람들 – 강도가 먼저인지 강간이 먼저인지에 따라서 벌이 달라진다고 생각한다. 강도의 고의가 있느냐 없느냐에 따라 죄가 달라지는 것을 수긍하지 못하고 범죄의 선후관계로 벌이 달라진다고 비판한다. 사람들은 어떤 죄가 되느냐보다 얼마나 벌을 받느냐에 관심을 가진다.

D. 강도강간죄를 저지르려는 자 – 뉴스를 통해 이 사건을 접하고 강간을 먼저 저지른 후 강도를 저질러야겠다고 범죄를 계획한다.

위의 예는 고의가 일으키는 오류를 현실적이고 구체적으로 보여주기 위한 것이다. 형법에서 죄가 되는 데 고의를 필요로 하기 때문에 죄를 판단하는 사람이 다른 사람의 고의를 알 수 없음에도 불구하고 그것이 있는지 없는지 판단을 해야만 하는 까닭에 발생하는 오류이다. 이것은 강도강간죄에 국한되는 것이 아니라 형법체계 전체에서 벌어지는 오류이다.

이번에는 죄가 되는 데 고의가 필요하지 않다고 하면 어떻게 될 것인지 예를 만들어 보자. 여기에서 주의할 점은 강도강간죄와 강간강도죄를 구별하지 않는다는 것이다. 강도강간죄와 강간강도죄를 구별하지 않고 모두 무겁게 벌한다.

A. 죄를 저지른 자 – 처음부터 강도와 강간을 모두 저지르려는 고의를 가지고 강간을 먼저 저지른 후 강도를 저지른다. 형법에 따라 판단을 받을 때 강간을 저지르기 전에는 강도의 고의가 없었다는 거짓된 주장을 한다.
B. 형법에 따라 죄를 판단하는 사람 – 증거와 정황을 바탕으로 범인이 강간을 저지른 후 강도를 저질렀다고 판단하여 강도강간죄라고 결론을 내린다.
C. 이 사건을 바라보는 사람들 – 강도와 강간을 저지른 자를 가중하여 벌하는 것은 당연하다고 생각한다.
D. 강도강간죄를 저지르려는 자 – 뉴스를 통해 이 사건을 접하고 강도와 강간을 같이 저지르게 되면 무거운 벌을 받게 된다는 것을 알게 된다.

위의 예는 고의가 죄가 되는 데 필요하지 않는 경우를 가정한 것이다. 고의가 죄를 결정하는 단계에서 일으키는 오류가 없어졌음을 확인할 수 있다.

강도강간죄와 강간강도죄의 구별은 고의가 있어야 죄가 되는 형법에서 발생하는 문제이다. 강도강간죄라는 특정한 죄가 가지고 있는 문제라기보다는 고의가 있어야 죄가 된다는 원칙이 일으키는 문제라고 할 수 있다. 형법은 고의를 명확하게 밝혀낼 수 있다는 전제를 가지고 있다. 그러나 사람은 다른 사람의 고의를 알 수 없는 것이고 고의를 명백하게 밝혀낼 수 있다는 전제하에 설계해 놓은 형법은 이상과 현실의 괴리를 버티지 못하고 무너지게 될 것이다.

　지금까지 강도강간죄를 통해서 살펴본 바와 같은 논리로 형법을 고찰해 본다면 고의가 형법에서 일으키는 오류의 큰 그림을 그릴 수 있을 것이다. 형법에서 죄는 고의를 가진 죄와 과실이 있는 죄로 나뉘어 있다. 알 수 없는 고의를 가지고 죄를 나누고 있다면 고의는 비단 강도강간죄에서만 오류를 일으키는 것이 아니라 형법체계 전체에서 오류를 일으키고 있는 것이다. 우리가 이러한 논의를 쌓아간다면 형법을 개선할 수 있는 토대를 마련할 수 있을 것이고 진정한 현대형법의 출발점이 될 것이다.

5. 결론

　형법은 죄가 되는 데 있어서 고의를 필요로 한다. 그러나 고의를 밝혀낸다는 것은 불가능한 일이다. 지금 이 순간에도 형법은 고의를 밝혀서 죄를 정하는 것이 아니라 증거와 논리 위에서 작동하고 있다.[16] 고의가 있어야 죄가 된다는 원칙은 실제로 그렇게 되어야 한다는 것이 아니라 사람은 이성적인 존재이므로 죄를 저질러서는 안 된다는 것을 알면서도 그렇게 했을 때 죄를 물을 수 있다는 원칙을 선언한 것이고 또 그렇게 될 수 있도록 노력하자는 의미로 이해할 수 있다. 하지만 형법은 윤리적 선언에서 그치는 것이 아니라 그 사회를 유지하기 위하여 구성원들의 동의하에 죄에 대하여 엄격하게 적용되어야 하는

16　Jun-Hyung Park, Die augen des strafrechts, (Stuttgart: Verrai, 2016), p.16

최후의 보루이다. 형법에서 고의가 있어야 죄가 된다는 원칙이 순기능만 있다면 굳이 제거되어야 할 이유는 딱히 없다. 그것은 우리가 고민해 온 철학의 결과물이고 누구나 동의할 만한 원칙이기 때문이다. 하지만 고의가 있어야 죄가 된다고 하는 형법은 고의를 명백하게 밝혀낼 수 있다는 전제를 가진 것이고, 그렇게 설계된 형법은 죄의 성립범위에 오차를 가져오며 이는 벌을 정하는 데에도 이어져 치명적인 오류를 일으키게 된다. 죄가 되는 데 고의를 필요로 하지 않아야 한다는 것은 죄가 되는 데 고의가 필요하다는 원칙이 옳지 않아서가 아니라 실현할 수 없기 때문이다. 고의는 죄가 되는 데에 필요한 것이 아니라 벌을 정하는 데에 고려할 사항인 것이다. 고의가 일으키는 오류는 형법뿐만이 아니라 법체계 전반에 큰 영향을 미치고 있고 나아가 우리의 삶까지도 왜곡하고 있다. 죄가 되는 데 고의가 필요하다는 원칙은 형법에서 반드시 제거되어야 할 것이다.

법에 전지전능한 능력을 부여한다고 해서 권위가 서는 것은 아니다. 누구나 수긍할 수 있는 철학을 담아낼 때 설득력을 갖게 되고 진정한 권위를 세울 수 있다. 그것이 완벽한 법이고 그런 법이야말로 자연스럽고 누구나 이해할 수 있으며 이 세상을 질서 있고 조화롭게 해 줄 것이다. 그런 법은 아름답다. 진리는 우리를 편안하게 하리라! 이 논문이 그런 세상으로 가는 이정표가 되기를 바란다.

형법총칙

[시행 2018. 12. 18.]

[법률 제15982호, 2018. 12. 18., 일부개정]

제1장 형법의 적용범위

제1조(범죄의 성립과 처벌) ① 범죄의 성립과 처벌은 행위 시의 법률에 의한다.

② 범죄후 법률의 변경에 의하여 그 행위가 범죄를 구성하지 아니하거나 형이 구법보다 경한 때에는 신법에 의한다.

③ 재판확정후 법률의 변경에 의하여 그 행위가 범죄를 구성하지 아니하는 때에는 형의 집행을 면제한다.

제2조(국내범) 본법은 대한민국영역내에서 죄를 범한 내국인과 외국인에게 적용한다.

제3조(내국인의 국외범) 본법은 대한민국영역외에서 죄를 범한 내국인에게 적용한다.

제4조(국외에 있는 내국선박 등에서 외국인이 범한 죄) 본법은 대한민국영역외에 있는 대한민국의 선박 또는 항공기내에서 죄를 범한 외국인에게 적용한다.

제5조(외국인의 국외범) 본법은 대한민국영역외에서 다음에 기재한 죄를 범한 외국인에게 적용한다.

1. 내란의 죄
2. 외환의 죄
3. 국기에 관한 죄
4. 통화에 관한 죄

5. 유가증권, 우표와 인지에 관한 죄

6. 문서에 관한 죄중 제225조 내지 제230조

7. 인장에 관한 죄중 제238조

제6조(대한민국과 대한민국국민에 대한 국외범) 본법은 대한민국영역외에서 대한민국 또는 대한민국국민에 대하여 전조에 기재한 이외의 죄를 범한 외국인에게 적용한다. 단 행위지의 법률에 의하여 범죄를 구성하지 아니하거나 소추 또는 형의 집행을 면제할 경우에는 예외로 한다.

제7조(외국에서 집행된 형의 산입) 죄를 지어 외국에서 형의 전부 또는 일부가 집행된 사람에 대해서는 그 집행된 형의 전부 또는 일부를 선고하는 형에 산입한다.

[전문개정 2016. 12. 20.]

[2016. 12. 20. 법률 제14415호에 의하여 2015. 5. 28. 헌법재판소에서 헌법불합치 결정된 이 조를 개정함.]

제8조(총칙의 적용) 본법 총칙은 타법령에 정한 죄에 적용한다. 단, 그 법령에 특별한 규정이 있는 때에는 예외로 한다.

제2장 죄

제1절 죄의 성립과 형의 감면

제9조(형사미성년자) 14세되지 아니한 자의 행위는 벌하지 아니한다.

제10조(심신장애인) ① 심신장애로 인하여 사물을 변별할 능력이 없거나
의사를 결정할 능력이 없는 자의 행위는 벌하지 아니한다.
② 심신장애로 인하여 전항의 능력이 미약한 자의 행위는 형을 감경할
수 있다. 〈개정 2018. 12. 18.〉
③ 위험의 발생을 예견하고 자의로 심신장애를 야기한 자의 행위에는
전2항의 규정을 적용하지 아니한다.
[제목개정 2014. 12. 30.]

제11조(농아자) 농아자의 행위는 형을 감경한다.

제12조(강요된 행위) 저항할 수 없는 폭력이나 자기 또는 친족의 생명, 신
체에 대한 위해를 방어할 방법이 없는 협박에 의하여 강요된 행위는
벌하지 아니한다.

제13조(범의) 죄의 성립요소인 사실을 인식하지 못한 행위는 벌하지 아니
한다. 단, 법률에 특별한 규정이 있는 경우에는 예외로 한다.

제14조(과실) 정상의 주의를 태만함으로 인하여 죄의 성립요소인 사실을
인식하지 못한 행위는 법률에 특별한 규정이 있는 경우에 한하여 처벌

한다.

제15조(사실의 착오) ① 특별히 중한 죄가 되는 사실을 인식하지 못한 행위는 중한 죄로 벌하지 아니한다.

② 결과로 인하여 형이 중할 죄에 있어서 그 결과의 발생을 예견할 수 없었을 때에는 중한 죄로 벌하지 아니한다.

제16조(법률의 착오) 자기의 행위가 법령에 의하여 죄가 되지 아니하는 것으로 오인한 행위는 그 오인에 정당한 이유가 있는 때에 한하여 벌하지 아니한다.

제17조(인과관계) 어떤 행위라도 죄의 요소되는 위험발생에 연결되지 아니한 때에는 그 결과로 인하여 벌하지 아니한다.

제18조(부작위범) 위험의 발생을 방지할 의무가 있거나 자기의 행위로 인하여 위험발생의 원인을 야기한 자가 그 위험발생을 방지하지 아니한 때에는 그 발생된 결과에 의하여 처벌한다.

제19조(독립행위의 경합) 동시 또는 이시의 독립행위가 경합한 경우에 그 결과발생의 원인된 행위가 판명되지 아니한 때에는 각 행위를 미수범으로 처벌한다.

제20조(정당행위) 법령에 의한 행위 또는 업무로 인한 행위 기타 사회상규에 위배되지 아니하는 행위는 벌하지 아니한다.

제21조(정당방위) ① 자기 또는 타인의 법익에 대한 현재의 부당한 침해를 방위하기 위한 행위는 상당한 이유가 있는 때에는 벌하지 아니한다.

② 방위행위가 그 정도를 초과한 때에는 정황에 의하여 그 형을 감경 또는 면제할 수 있다.

③ 전항의 경우에 그 행위가 야간 기타 불안스러운 상태하에서 공포, 경악, 흥분 또는 당황으로 인한 때에는 벌하지 아니한다.

제22조(긴급피난) ① 자기 또는 타인의 법익에 대한 현재의 위난을 피하기 위한 행위는 상당한 이유가 있는 때에는 벌하지 아니한다.

② 위난을 피하지 못할 책임이 있는 자에 대하여는 전항의 규정을 적용하지 아니한다.

③ 전조 제2항과 제3항의 규정은 본조에 준용한다.

제23조(자구행위) ① 법정절차에 의하여 청구권을 보전하기 불능한 경우에 그 청구권의 실행불능 또는 현저한 실행곤란을 피하기 위한 행위는 상당한 이유가 있는 때에는 벌하지 아니한다.

② 전항의 행위가 그 정도를 초과한 때에는 정황에 의하여 형을 감경 또는 면제할 수 있다.

제24조(피해자의 승낙) 처분할 수 있는 자의 승낙에 의하여 그 법익을 훼손한 행위는 법률에 특별한 규정이 없는 한 벌하지 아니한다.

제2절 미수범

제25조(미수범) ① 범죄의 실행에 착수하여 행위를 종료하지 못하였거나

결과가 발생하지 아니한 때에는 미수범으로 처벌한다.

② 미수범의 형은 기수범보다 감경할 수 있다.

제26조(중지범) 범인이 자의로 실행에 착수한 행위를 중지하거나 그 행위로 인한 결과의 발생을 방지한 때에는 형을 감경 또는 면제한다.

제27조(불능범) 실행의 수단 또는 대상의 착오로 인하여 결과의 발생이 불가능하더라도 위험성이 있는 때에는 처벌한다. 단, 형을 감경 또는 면제할 수 있다.

제28조(음모, 예비) 범죄의 음모 또는 예비행위가 실행의 착수에 이르지 아니한 때에는 법률에 특별한 규정이 없는 한 벌하지 아니한다.

제29조(미수범의 처벌) 미수범을 처벌할 죄는 각 본조에 정한다.

제3절 공범

제30조(공동정범) 2인 이상이 공동하여 죄를 범한 때에는 각자를 그 죄의 정범으로 처벌한다.

제31조(교사범) ① 타인을 교사하여 죄를 범하게 한 자는 죄를 실행한 자와 동일한 형으로 처벌한다.

② 교사를 받은 자가 범죄의 실행을 승낙하고 실행의 착수에 이르지 아니한 때에는 교사자와 피교사자를 음모 또는 예비에 준하여 처벌한다.

③ 교사를 받은 자가 범죄의 실행을 승낙하지 아니한 때에도 교사자에

대하여는 전항과 같다.

제32조(종범) ① 타인의 범죄를 방조한 자는 종범으로 처벌한다.
 ② 종범의 형은 정범의 형보다 감경한다.

제33조(공범과 신분) 신분관계로 인하여 성립될 범죄에 가공한 행위는 신분관계가 없는 자에게도 전3조의 규정을 적용한다. 단, 신분관계로 인하여 형의 경중이 있는 경우에는 중한 형으로 벌하지 아니한다.

제34조(간접정범, 특수한 교사, 방조에 대한 형의 가중) ① 어느 행위로 인하여 처벌되지 아니하는 자 또는 과실범으로 처벌되는 자를 교사 또는 방조하여 범죄행위의 결과를 발생하게 한 자는 교사 또는 방조의 예에 의하여 처벌한다.
 ② 자기의 지휘, 감독을 받는 자를 교사 또는 방조하여 전항의 결과를 발생하게 한 자는 교사인 때에는 정범에 정한 형의 장기 또는 다액에 그 2분의 1까지 가중하고 방조인 때에는 정범의 형으로 처벌한다.

제4절 누범

제35조(누범) ① 금고 이상의 형을 받어 그 집행을 종료하거나 면제를 받은 후 3년내에 금고 이상에 해당하는 죄를 범한 자는 누범으로 처벌한다.
 ② 누범의 형은 그 죄에 정한 형의 장기의 2배까지 가중한다.

제36조(판결선고후의 누범발각) 판결선고후 누범인 것이 발각된 때에는 그 선고한 형을 통산하여 다시 형을 정할 수 있다. 단, 선고한 형의 집

행을 종료하거나 그 집행이 면제된 후에는 예외로 한다.

제5절 경합범

제37조(경합범) 판결이 확정되지 아니한 수개의 죄 또는 금고 이상의 형에 처한 판결이 확정된 죄와 그 판결확정전에 범한 죄를 경합범으로 한다. 〈개정 2004. 1. 20.〉

제38조(경합범과 처벌례) ① 경합범을 동시에 판결할 때에는 다음의 구별에 의하여 처벌한다.

1. 가장 중한 죄에 정한 형이 사형 또는 무기징역이나 무기금고인 때에는 가장 중한 죄에 정한 형으로 처벌한다.

2. 각 죄에 정한 형이 사형 또는 무기징역이나 무기금고 이외의 동종의 형인 때에는 가장 중한 죄에 정한 장기 또는 다액에 그 2분의 1까지 가중하되 각 죄에 정한 형의 장기 또는 다액을 합산한 형기 또는 액수를 초과할 수 없다. 단 과료와 과료, 몰수와 몰수는 병과할 수 있다.

3. 각 죄에 정한 형이 무기징역이나 무기금고 이외의 이종의 형인 때에는 병과한다.

② 전항 각호의 경우에 있어서 징역과 금고는 동종의 형으로 간주하여 징역형으로 처벌한다.

제39조(판결을 받지 아니한 경합범, 수개의 판결과 경합범, 형의 집행과 경합범) ① 경합범중 판결을 받지 아니한 죄가 있는 때에는 그 죄와 판결이 확정된 죄를 동시에 판결할 경우와 형평을 고려하여 그 죄에

대하여 형을 선고한다. 이 경우 그 형을 감경 또는 면제할 수 있다.
〈개정 2005. 7. 29.〉

② 삭제 〈2005. 7. 29.〉

③ 경합범에 의한 판결의 선고를 받은 자가 경합범 중의 어떤 죄에 대하여 사면 또는 형의 집행이 면제된 때에는 다른 죄에 대하여 다시 형을 정한다.

④ 전 3항의 형의 집행에 있어서는 이미 집행한 형기를 통산한다.

제40조(상상적 경합) 1개의 행위가 수개의 죄에 해당하는 경우에는 가장 중한 죄에 정한 형으로 처벌한다.

제3장 형

제1절 형의 종류와 경중

제41조(형의 종류) 형의 종류는 다음과 같다.

　1. 사형

　2. 징역

　3. 금고

　4. 자격상실

　5. 자격정지

　6. 벌금

　7. 구류

8. 과료

9. 몰수

제42조(징역 또는 금고의 기간) 징역 또는 금고는 무기 또는 유기로 하고 유기는 1개월 이상 30년 이하로 한다. 단, 유기징역 또는 유기금고에 대하여 형을 가중하는 때에는 50년까지로 한다. 〈개정 2010. 4. 15.〉

제43조(형의 선고와 자격상실, 자격정지) ① 사형, 무기징역 또는 무기금고의 판결을 받은 자는 다음에 기재한 자격을 상실한다.

1. 공무원이 되는 자격

2. 공법상의 선거권과 피선거권

3. 법률로 요건을 정한 공법상의 업무에 관한 자격

4. 법인의 이사, 감사 또는 지배인 기타 법인의 업무에 관한 검사역이나 재산관리인이 되는 자격

② 유기징역 또는 유기금고의 판결을 받은 자는 그 형의 집행이 종료하거나 면제될 때까지 전항 제1호 내지 제3호에 기재된 자격이 정지된다. 다만, 다른 법률에 특별한 규정이 있는 경우에는 그 법률에 따른다. 〈개정 2016. 1. 6.〉

[2016. 1. 6. 법률 제13719호에 의하여 2014. 1. 28. 헌법재판소에서 위헌 및 헌법불합치 결정된 이 조 제2항을 개정함.]

제44조(자격정지) ① 전조에 기재한 자격의 전부 또는 일부에 대한 정지는 1년 이상 15년 이하로 한다.

② 유기징역 또는 유기금고에 자격정지를 병과한 때에는 징역 또는 금

고의 집행을 종료하거나 면제된 날로부터 정지기간을 기산한다.

제45조(벌금) 벌금은 5만원 이상으로 한다. 다만, 감경하는 경우에는 5만원 미만으로 할 수 있다. 〈개정 1995. 12. 29.〉

제46조(구류) 구류는 1일 이상 30일 미만으로 한다.

제47조(과료) 과료는 2천원 이상 5만원 미만으로 한다. 〈개정 1995. 12. 29.〉

제48조(몰수의 대상과 추징) ① 범인이외의 자의 소유에 속하지 아니하거나 범죄후 범인이외의 자가 정을 알면서 취득한 다음 기재의 물건은 전부 또는 일부를 몰수할 수 있다.

1. 범죄행위에 제공하였거나 제공하려고 한 물건.

2. 범죄행위로 인하여 생하였거나 이로 인하여 취득한 물건.

3. 전 2호의 대가로 취득한 물건.

② 전항에 기재한 물건을 몰수하기 불능한 때에는 그 가액을 추징한다.

③ 문서, 도화, 전자기록등 특수매체기록 또는 유가증권의 일부가 몰수에 해당하는 때에는 그 부분을 폐기한다. 〈개정 1995. 12. 29.〉

제49조(몰수의 부가성) 몰수는 타형에 부가하여 과한다. 단, 행위자에게 유죄의 재판을 아니할 때에도 몰수의 요건이 있는 때에는 몰수만을 선고할 수 있다.

제50조(형의 경중) ① 형의 경중은 제41조 기재의 순서에 의한다. 단, 무

기금고와 유기징역은 금고를 중한 것으로 하고 유기금고의 장기가 유기징역의 장기를 초과하는 때에는 금고를 중한 것으로 한다.

② 동종의 형은 장기의 긴 것과 다액의 많은 것을 중한 것으로 하고 장기 또는 다액이 동일한 때에는 그 단기의 긴 것과 소액의 많은 것을 중한 것으로 한다.

③ 전 2항의 규정에 의한 외에는 죄질과 범정에 의하여 경중을 정한다.

제2절 형의 양정

제51조(양형의 조건) 형을 정함에 있어서는 다음 사항을 참작하여야 한다.

　1. 범인의 연령, 성행, 지능과 환경

　2. 피해자에 대한 관계

　3. 범행의 동기, 수단과 결과

　4. 범행 후의 정황

제52조(자수, 자복) ① 죄를 범한 후 수사책임이 있는 관서에 자수한 때에는 그 형을 감경 또는 면제할 수 있다.

　② 피해자의 의사에 반하여 처벌할 수 없는 죄에 있어서 피해자에게 자복한 때에도 전항과 같다.

제53조(작량감경) 범죄의 정상에 참작할 만한 사유가 있는 때에는 작량하여 그 형을 감경할 수 있다.

제54조(선택형과 작량감경) 1개의 죄에 정한 형이 수종인 때에는 먼저 적용할 형을 정하고 그 형을 감경한다.

제55조(법률상의 감경) ① 법률상의 감경은 다음과 같다. 〈개정 2010. 4. 15.〉

1. 사형을 감경할 때에는 무기 또는 20년 이상 50년 이하의 징역 또는 금고로 한다.

2. 무기징역 또는 무기금고를 감경할 때에는 10년 이상 50년 이하의 징역 또는 금고로 한다.

3. 유기징역 또는 유기금고를 감경할 때에는 그 형기의 2분의 1로 한다.

4. 자격상실을 감경할 때에는 7년 이상의 자격정지로 한다.

5. 자격정지를 감경할 때에는 그 형기의 2분의 1로 한다.

6. 벌금을 감경할 때에는 그 다액의 2분의 1로 한다.

7. 구류를 감경할 때에는 그 장기의 2분의 1로 한다.

8. 과료를 감경할 때에는 그 다액의 2분의 1로 한다.

② 법률상 감경할 사유가 수개 있는 때에는 거듭 감경할 수 있다.

제56조(가중감경의 순서) 형을 가중감경할 사유가 경합된 때에는 다음 순서에 의한다.

1. 각칙 본조에 의한 가중

2. 제34조제2항의 가중

3. 누범가중

4. 법률상감경

5. 경합범가중

6. 작량감경

제57조(판결선고전 구금일수의 통산) ① 판결선고전의 구금일수는 그 전부를 유기징역, 유기금고, 벌금이나 과료에 관한 유치 또는 구류에 산

입한다. 〈개정 2014. 12. 30.〉

② 전항의 경우에는 구금일수의 1일은 징역, 금고, 벌금이나 과료에 관한 유치 또는 구류의 기간의 1일로 계산한다.

[2014. 12. 30. 법률 제12898호에 의하여 2009. 6. 25. 위헌 결정된 제57조제1항을 개정함]

제58조(판결의 공시) ① 피해자의 이익을 위하여 필요하다고 인정할 때에는 피해자의 청구가 있는 경우에 한하여 피고인의 부담으로 판결공시의 취지를 선고할 수 있다.

② 피고사건에 대하여 무죄의 판결을 선고하는 경우에는 무죄판결공시의 취지를 선고하여야 한다. 다만, 무죄판결을 받은 피고인이 무죄판결공시 취지의 선고에 동의하지 아니하거나 피고인의 동의를 받을 수 없는 경우에는 그러하지 아니하다. 〈개정 2014. 12. 30.〉

③ 피고사건에 대하여 면소의 판결을 선고하는 경우에는 면소판결공시의 취지를 선고할 수 있다. 〈신설 2014. 12. 30.〉

제3절 형의 선고유예

제59조(선고유예의 요건) ① 1년 이하의 징역이나 금고, 자격정지 또는 벌금의 형을 선고할 경우에 제51조의 사항을 참작하여 개전의 정상이 현저한 때에는 그 선고를 유예할 수 있다. 단, 자격정지 이상의 형을 받은 전과가 있는 자에 대하여는 예외로 한다.

② 형을 병과할 경우에도 형의 전부 또는 일부에 대하여 그 선고를 유예할 수 있다.

제59조의2(보호관찰) ① 형의 선고를 유예하는 경우에 재범방지를 위하여 지도 및 원호가 필요한 때에는 보호관찰을 받을 것을 명할 수 있다.

② 제1항의 규정에 의한 보호관찰의 기간은 1년으로 한다.

[본조신설 1995. 12. 29.]

제60조(선고유예의 효과) 형의 선고유예를 받은 날로부터 2년을 경과한 때에는 면소된 것으로 간주한다.

제61조(선고유예의 실효) ① 형의 선고유예를 받은 자가 유예기간 중 자격 정지 이상의 형에 처한 판결이 확정되거나 자격정지 이상의 형에 처한 전과가 발견된 때에는 유예한 형을 선고한다. 〈개정 1995. 12. 29.〉

② 제59조의2의 규정에 의하여 보호관찰을 명한 선고유예를 받은 자가 보호관찰기간중에 준수사항을 위반하고 그 정도가 무거운 때에는 유예한 형을 선고할 수 있다. 〈신설 1995. 12. 29.〉

제4절 형의 집행유예

제62조(집행유예의 요건) ① 3년 이하의 징역이나 금고 또는 500만원 이하의 벌금의 형을 선고할 경우에 제51조의 사항을 참작하여 그 정상에 참작할 만한 사유가 있는 때에는 1년 이상 5년 이하의 기간 형의 집행을 유예할 수 있다. 다만, 금고 이상의 형을 선고한 판결이 확정된 때부터 그 집행을 종료하거나 면제된 후 3년까지의 기간에 범한 죄에 대하여 형을 선고하는 경우에는 그러하지 아니하다. 〈개정 2005. 7. 29., 2016. 1. 6.〉

② 형을 병과할 경우에는 그 형의 일부에 대하여 집행을 유예할 수 있다.

제62조의2(보호관찰, 사회봉사 · 수강명령) ① 형의 집행을 유예하는 경우에는 보호관찰을 받을 것을 명하거나 사회봉사 또는 수강을 명할 수 있다.

② 제1항의 규정에 의한 보호관찰의 기간은 집행을 유예한 기간으로 한다. 다만, 법원은 유예기간의 범위내에서 보호관찰기간을 정할 수 있다.

③ 사회봉사명령 또는 수강명령은 집행유예기간내에 이를 집행한다.

[본조신설 1995. 12. 29.]

제63조(집행유예의 실효) 집행유예의 선고를 받은 자가 유예기간 중 고의로 범한 죄로 금고 이상의 실형을 선고받아 그 판결이 확정된 때에는 집행유예의 선고는 효력을 잃는다. 〈개정 2005. 7. 29.〉

제64조(집행유예의 취소) ① 집행유예의 선고를 받은 후 제62조 단행의 사유가 발각된 때에는 집행유예의 선고를 취소한다. 〈개정 1995. 12. 29.〉

② 제62조의2의 규정에 의하여 보호관찰이나 사회봉사 또는 수강을 명한 집행유예를 받은 자가 준수사항이나 명령을 위반하고 그 정도가 무거운 때에는 집행유예의 선고를 취소할 수 있다. 〈신설 1995. 12. 29.〉

제65조(집행유예의 효과) 집행유예의 선고를 받은 후 그 선고의 실효 또는 취소됨이 없이 유예기간을 경과한 때에는 형의 선고는 효력을 잃는다.

제5절 형의 집행

제66조(사형) 사형은 형무소내에서 교수하여 집행한다.

제67조(징역) 징역은 형무소내에 구치하여 정역에 복무하게 한다.

제68조(금고와 구류) 금고와 구류는 형무소에 구치한다.

제69조(벌금과 과료) ① 벌금과 과료는 판결확정일로부터 30일내에 납입하여야 한다. 단, 벌금을 선고할 때에는 동시에 그 금액을 완납할 때까지 노역장에 유치할 것을 명할 수 있다.

② 벌금을 납입하지 아니한 자는 1일 이상 3년 이하, 과료를 납입하지 아니한 자는 1일 이상 30일 미만의 기간 노역장에 유치하여 작업에 복무하게 한다.

제70조(노역장유치) ① 벌금 또는 과료를 선고할 때에는 납입하지 아니하는 경우의 유치기간을 정하여 동시에 선고하여야 한다. 〈개정 2014. 5. 14.〉

② 선고하는 벌금이 1억원 이상 5억원 미만인 경우에는 300일 이상, 5억원 이상 50억원 미만인 경우에는 500일 이상, 50억원 이상인 경우에는 1,000일 이상의 유치기간을 정하여야 한다. 〈신설 2014. 5. 14.〉

제71조(유치일수의 공제) 벌금 또는 과료의 선고를 받은 자가 그 일부를 납입한 때에는 벌금 또는 과료액과 유치기간의 일수에 비례하여 납입금액에 상당한 일수를 제한다.

제6절 가석방

제72조(가석방의 요건) ① 징역 또는 금고의 집행 중에 있는 자가 그 행상

이 양호하여 개전의 정이 현저한 때에는 무기에 있어서는 20년, 유기에 있어서는 형기의 3분의 1을 경과한 후 행정처분으로 가석방을 할 수 있다. 〈개정 2010. 4. 15.〉

② 전항의 경우에 벌금 또는 과료의 병과가 있는 때에는 그 금액을 완납하여야 한다.

제73조(판결선고전 구금과 가석방) ① 형기에 산입된 판결선고전 구금의 일수는 가석방에 있어서 집행을 경과한 기간에 산입한다.

② 벌금 또는 과료에 관한 유치기간에 산입된 판결선고전 구금일수는 전조제2항의 경우에 있어서 그에 해당하는 금액이 납입된 것으로 간주한다.

제73조의2(가석방의 기간 및 보호관찰) ① 가석방의 기간은 무기형에 있어서는 10년으로 하고, 유기형에 있어서는 남은 형기로 하되, 그 기간은 10년을 초과할 수 없다.

② 가석방된 자는 가석방기간중 보호관찰을 받는다. 다만, 가석방을 허가한 행정관청이 필요가 없다고 인정한 때에는 그러하지 아니하다.

[본조신설 1995. 12. 29.]

제74조(가석방의 실효) 가석방중 금고 이상의 형의 선고를 받아 그 판결이 확정된 때에는 가석방처분은 효력을 잃는다. 단 과실로 인한 죄로 형의 선고를 받았을 때에는 예외로 한다.

제75조(가석방의 취소) 가석방의 처분을 받은 자가 감시에 관한 규칙을 위배하거나, 보호관찰의 준수사항을 위반하고 그 정도가 무거운 때에

는 가석방처분을 취소할 수 있다.

[전문개정 1995. 12. 29.]

제76조(가석방의 효과) ① 가석방의 처분을 받은 후 그 처분이 실효 또는 취소되지 아니하고 가석방기간을 경과한 때에는 형의 집행을 종료한 것으로 본다. 〈개정 1995. 12. 29.〉

② 전2조의 경우에는 가석방중의 일수는 형기에 산입하지 아니한다.

제7절 형의 시효

제77조(시효의 효과) 형의 선고를 받은 자는 시효의 완성으로 인하여 그 집행이 면제된다.

제78조(시효의 기간) 시효는 형을 선고하는 재판이 확정된 후 그 집행을 받음이 없이 다음의 기간을 경과함으로 인하여 완성된다. 〈개정 2017. 12. 12.〉

1. 사형은 30년

2. 무기의 징역 또는 금고는 20년

3. 10년 이상의 징역 또는 금고는 15년

4. 3년 이상의 징역이나 금고 또는 10년 이상의 자격정지는 10년

5. 3년 미만의 징역이나 금고 또는 5년 이상의 자격정지는 7년

6. 5년 미만의 자격정지, 벌금, 몰수 또는 추징은 5년

7. 구류 또는 과료는 1년

제79조(시효의 정지) ① 시효는 형의 집행의 유예나 정지 또는 가석방 기

타 집행할 수 없는 기간은 진행되지 아니한다. 〈개정 2014. 5. 14.〉

② 시효는 형이 확정된 후 그 형의 집행을 받지 아니한 자가 형의 집행을 면할 목적으로 국외에 있는 기간 동안은 진행되지 아니한다. 〈신설 2014. 5. 14.〉

제80조(시효의 중단) 시효는 사형, 징역, 금고와 구류에 있어서는 수형자를 체포함으로, 벌금, 과료, 몰수와 추징에 있어서는 강제처분을 개시함으로 인하여 중단된다.

제8절 형의 소멸

제81조(형의 실효) 징역 또는 금고의 집행을 종료하거나 집행이 면제된 자가 피해자의 손해를 보상하고 자격정지 이상의 형을 받음이 없이 7년을 경과한 때에는 본인 또는 검사의 신청에 의하여 그 재판의 실효를 선고할 수 있다.

제82조(복권) 자격정지의 선고를 받은 자가 피해자의 손해를 보상하고 자격정지 이상의 형을 받음이 없이 정지기간의 2분의 1을 경과한 때에는 본인 또는 검사의 신청에 의하여 자격의 회복을 선고할 수 있다.

제4장 기간

제83조(기간의 계산) 연 또는 월로써 정한 기간은 역수에 따라 계산한다.

제84조(형기의 기산) ① 형기는 판결이 확정된 날로부터 기산한다.

② 징역, 금고, 구류와 유치에 있어서는 구속되지 아니한 일수는 형기
에 산입하지 아니한다.

제85조(형의 집행과 시효기간의 초일) 형의 집행과 시효기간의 초일은 시
간을 계산함이 없이 1일로 산정한다.

제86조(석방일) 석방은 형기종료일에 하여야 한다.

박준형

카톡ID: worldpeacefo

이메일: worldpeacefo@naver.com

https://www.facebook.com/LawandPhilosophy

https://www.facebook.com/EyesofCriminalLaw
